现代化新征程丛书

隆国强　总主编

SYNTHETIC
BIOLOGY INDUSTRY
THE NEW ENGINE OF ECONOMIC GROWTH

合成生物产业

经济增长的新引擎

王忠宏　马延和　主　　编
张长令　韩　祺　陆安静　执行主编

中国发展出版社
CHINA DEVELOPMENT PRESS

图书在版编目（CIP）数据

合成生物产业：经济增长的新引擎 / 王忠宏，马延和主编. — 北京：中国发展出版社，2024. 6. — ISBN 978-7-5177-1423-1

Ⅰ. F426.2

中国国家版本馆 CIP 数据核字第 2024PT9344 号

书　　　名：合成生物产业——经济增长的新引擎
主　　　编：王忠宏　马延和
责 任 编 辑：杜　君　吴若瑜
出 版 发 行：中国发展出版社
联 系 地 址：北京经济技术开发区荣华中路 22 号亦城财富中心 1 号楼 8 层（100176）
标 准 书 号：ISBN 978-7-5177-1423-1
经 销 者：各地新华书店
印 刷 者：北京博海升彩色印刷有限公司
开　　　本：710mm×1000mm　1/16
印　　　张：12
字　　　数：156 千字
版　　　次：2024 年 6 月第 1 版
印　　　次：2024 年 6 月第 1 次印刷
定　　　价：68.00 元

联 系 电 话：（010）68990625　68360970
购 书 热 线：（010）68990682　68990686
网 络 订 购：http://zgfzcbs.tmall.com
网 购 电 话：（010）88333349　68990639
本 社 网 址：http://www.develpress.com
电 子 邮 件：121410231@qq.com

联合编制单位

国研智库

中国社会科学院工业经济研究所

中共浙江省委政策研究室

工业和信息化部电子第五研究所（服务型制造研究院）

清华大学技术创新研究中心

清华大学人工智能国际治理研究院

上海交通大学健康长三角研究院

上海交通大学健康传播发展中心

浙江省发展规划研究院

苏州大学北京研究院

江苏省产业技术研究院

中国大唐集团有限公司

广东省交通集团有限公司

行云集团

上海昌进生物科技有限公司

广东利通科技投资有限公司

《合成生物产业——经济增长的新引擎》
编委会

主编

王忠宏　马延和

执行主编

张长令　韩　祺　陆安静

编委（按姓氏笔画排列）

丁陈君　马延和　王忠宏　庄希颉　刘长杰
李玉娟　吴崇明　吴鹏飞　张长令　张拓宇
陆安静　陈　方　赵泉淞　高妍蕊　黄　怡
梁轩铭　常昌盛　韩　冰　韩　祺　傅雄飞

总　序

　　党的二十大报告提出，从现在起，中国共产党的中心任务就是团结带领全国各族人民全面建成社会主义现代化强国、实现第二个百年奋斗目标，以中国式现代化全面推进中华民族伟大复兴。当前，世界之变、时代之变、历史之变正以前所未有的方式展开，充满新机遇和新挑战，全球发展的不确定性不稳定性更加突出，全方位的国际竞争更加激烈。面对百年未有之大变局，我们坚持把发展作为党执政兴国的第一要务，把高质量发展作为全面建设社会主义现代化国家的首要任务，完整、准确、全面贯彻新发展理念，坚持社会主义市场经济改革方向，坚持高水平对外开放，加快构建以国内大循环为主体、国内国际双循环相互促进的新发展格局，不断以中国的新发展为世界提供新机遇。

　　习近平总书记指出，今天，我们比历史上任何时期都更接近、更有信心和能力实现中华民族伟大复兴的目标。中华民族已完成全面建成小康社会的千年夙愿，开创了中国式现代化新道路，为实现中华民族伟大复兴提供了坚实的物质基础。现代化新征程就是要实现国家富强、民族振兴、人民幸福的宏伟目标。在党的二十大号召下，全国人民坚定信心、同心同德、埋头苦干、奋勇前进，为全面建设社会主义现代化国家、全面推进中华民族伟大复兴而团结奋斗。

　　走好现代化新征程，要站在新的历史方位，推进实现中华民族伟大复兴。党的十八大以来，中国特色社会主义进入新时代，这是我国发展新的历史方位。从宏观层面来看，走好现代化新征程，需要站在新的历史方位，客观认识、准确把握当前党和人民事业所处的发展阶段，不断推动经济高质量发展。从中观层面来看，走好现代化新征程，需要站在新的历史方位，适应我国参与国际竞合比较优势的变化，通过深化供给侧结构性改革，对内解决好发展不平衡不充分问题，对外化解外部环境新矛盾新挑战，实现对全球要素资源的强大吸引力、在激烈国际竞争中的强大竞争力、在全球资源配置中的强大推动力，在科技高水平自立自强基础上塑造形成参与国际竞合新优势。从微观层面来看，走好现代化新征程，需要站在新的历史方位，坚持系统观念和辩证思维，坚持两点论和重点论相统一，以"把握主动权、下好先手棋"的思路，充分依托我国超大规模市场优势，培育和挖掘内需市场，推动产业结构优化和转型升级，提升产业链供应链韧性，增强国家的生存力、竞争力、发展力、持续力，确保中华民族伟大复兴进程不迟滞、不中断。

走好现代化新征程，要把各国现代化的经验和我国国情相结合。实现现代化是世界各国人民的共同追求。随着经济社会的发展，人们越来越清醒全面地认识到，现代化虽起源于西方，但各国的现代化道路不尽相同，世界上没有放之四海而皆准的现代化模式。因此，走好现代化新征程，要把各国现代化的共同特征和我国具体国情相结合。我们要坚持胸怀天下，拓展世界眼光，深刻洞察人类发展进步潮流，以海纳百川的宽阔胸襟借鉴吸收人类一切优秀文明成果。坚持从中国实际出发，不断推进和拓展中国式现代化。党的二十大报告系统阐述了中国式现代化的五大特征，即中国式现代化是人口规模巨大的现代化、是全体人民共同富裕的现代化、是物质文明和精神文明相协调的现代化、是人与自然和谐共生的现代化、是走和平发展道路的现代化。中国式现代化的五大特征，反映出我们的现代化新征程，是基于大国经济，按照中国特色社会主义制度的本质要求，实现长期全面、绿色可持续、和平共赢的现代化。此外，党的二十大报告提出了中国式现代化的本质要求，即坚持中国共产党领导，坚持中国特色社会主义，实现高质量发展，发展全过程人民民主，丰富人民精神世界，实现全体人民共同富裕，促进人与自然和谐共生，推动构建人类命运共同体，创造人类文明新形态。这既是我们走好现代化新征程的实践要求，也为我们指明了走好现代化新征程的领导力量、实践路径和目标责任，为我们准确把握中国式现代化核心要义，推动各方面工作沿着着复兴目标迈进提供了根本遵循。

走好现代化新征程，要完整、准确、全面贯彻新发展理念，着力推动高质量发展，加快构建新发展格局。高质量发展是全面建设社会主义现代化国家的首要任务。推动高质量发展必须完整、准确、全面贯彻新发展理念，让创新成为第一动力、协调成为内生特点、绿色成为普遍形态、开放成为必由之路、共享成为根本目的，努力实现高质量发展。同时，还必须建立和完善促进高质量发展的一整套体制机制，才能保障发展方式的根本性转变。如果不能及时建立一整套衡量高质量发展的指标体系和政绩考核体系，就难以引导干部按照新发展理念来推进工作。如果不能在创新、知识产权保护、行业准入等方面建立战略性新兴产业需要的体制机制，新兴产业、未来产业等高质量发展的新动能也难以顺利形成。

走好现代化新征程，必须全面深化改革、扩大高水平对外开放。改革开放为我国经济社会发展注入了强劲动力，是决定当代中国命运的关键一招。改革开放以来，我国经济社会发展水平不断提升，人民群众的生活质量不断改善，经济发展深度融入全球化体系，创造了举世瞩目的伟大成就。随着党的二十大开启了中国式现代化新征程，需要不断深化重点领域改革，为现代化建设提供体制保障。2023年中央经济工作会议强调，必须坚持依靠改革开放增强发展内生动力，统筹推进深层次改革和高水平开放，不断解放和发展生产力、激发和增强社会活力。第一，要不断完善落实"两个毫不动摇"的体制机制，充分激发各类经营主体的内生动力和创新活力。公有制为主体、多种所有制经济共同发展是我国现代化建设的重要优势。推动高质量发展，需要深化改革，充分释放各类经营主体的创新活力。应对国际环境的复杂性、严峻性、不确定性，克服"卡脖子"问题，维护产业链供应链安全稳定，同样需要为各类经营主体的发展提供更加完善的市场环境和体制环境。第二，要加快全国统一大市场建设，提高资源配置效率。超大规模的国内市场，可以有效分摊企业研发、制造、服务的成本，形成规模经济，这是我国推动高质量发展的一个重要优势。第三，扩大高水平对外开放，形成开放与改革相互促进的新格局。对外开放本质上也是改革，以开放促改革、促发展，是我国发展不断取得新成就的重要法宝。对外开放是利用全球资源全球市场和在全球配置资源，是高质量发展的内在要求。

知之愈明，则行之愈笃。走在现代化新征程上，我们出版"现代化新征程丛书"，是为了让社会各界更好地把握当下发展机遇、面向未来，以奋斗姿态、实干业绩助力中国式现代化开创新篇章。具体来说，主要有三个方面的考虑。

一是学习贯彻落实好党的二十大精神，为推进中国式现代化凝聚共识。党的二十大报告阐述了开辟马克思主义中国化时代化新境界、中国式现代化的中国特色和本质要求等重大问题，擘画了全面建成社会主义现代化强国的宏伟蓝图和实践路径，就未来五年党和国家事业发展制定了大政方针、作出了全面部署，是中国共产党团结带领全国各族人民夺取新时代中国特色社会主义新胜利的政治宣言和行动纲领。此套丛书，以习近平新时代中国特色社会主义思想为指导，认真对标对表党的二十大报告，从报告原文中找指导、从会议精神中找动力，用行动践行学习宣传贯彻党的二十大精神。

二是交流高质量发展的成功实践，释放创新动能，引领新质生产力发展，为推进中国式现代化汇聚众智。来自20多家智库和机构的专家参与本套丛书的编写。丛书第二辑将以新质生产力为主线，立足中国式现代化的时代特征和发展要求，直面各个地区、各个部门面对的新情况、新问题，总结借鉴国际国内现代化建设的成功经验，为各类决策者提供咨询建议。丛书内容注重实用性、可操作性，努力打造成为地方政府和企业管理层看得懂、学得会、用得了的使用指南。

三是探索未来发展新领域新赛道，加快形成新质生产力，增强发展新动能。新时代新征程，面对百年未有之大变局，我们要深入理解和把握新质生产力的丰富内涵、基本特点、形成逻辑和深刻影响，把创新贯穿于现代化建设各方面全过程，不断开辟发展新领域新赛道，特别是以颠覆性技术和前沿技术催生的新产业、新模式、新动能，把握新一轮科技革命机遇、建设现代化产业体系，全面塑造发展新优势，为我国经济高质量发展提供持久动能。

"现代化新征程丛书"主要面向党政领导干部、企事业单位管理层、专业研究人员等读者群体，致力于为读者丰富知识素养、拓宽眼界格局，提升其决策能力、研究能力和实践能力。丛书编制过程中，重点坚持以下三个原则：一是坚持政治性，把坚持正确的政治方向摆在首位，坚持以党的二十大精神为行动指南，确保相关政策文件、编选编排、相关概念的准确性；二是坚持前沿性，丛书选题充分体现鲜明的时代特征，面向未来发展重点领域，内容充分展现现代化新征程的新机遇、新要求、新举措；三是坚持实用性，丛书编制注重理论与实践的结合，特别是用新的理论要求指导新的实践，内容突出针对性、示范性和可操作性。在上述理念与原则的指导下，"现代化新征程丛书"第一辑收获了良好的成效，入选中宣部"2023 年主题出版重点出版物选题"，相关内容得到了政府、企业决策者和研究人员的极大关注，充分发挥了丛书服务决策咨询、破解现实难题、支撑高质量发展的智库作用。

"现代化新征程丛书"第二辑按照开放、创新、产业、模式"四位一体"架构进行设计，包含十多种图书。其中，"开放"主题有"'地瓜经济'提能升级""跨境电商"等；"创新"主题有"科技创新推动产业创新""前沿人工智能"等；"产业"主题有"建设现代化产业体系""储能经济""合成生物""绿动未来""建设海洋强国""产业融合""健康产业"等；"模式"主题有"未来制造"等。此外，丛书编委会根据前期调研，撰写了"高质量发展典型案例（二）"。

相知无远近，万里尚为邻。丛书第一辑的出版，已经为我们加强智库与智库、智库与传播界之间协作，促进智库研究机构与智库传播机构的高水平联动提供了很好的实践，也取得社会效益与经济效益的双丰收，为我们构建智库型出版产业体系和生态系统，实现"智库引领、出版引路、路径引导"迈出了坚实的一步。积力之所举，则无不胜也；众智之所为，则无不成也。我们希望再次与大家携手共进，通过丛书第二辑的出版，促进新质生产力发展、有效推动高质量发展，为全面建成社会主义现代化强国、实现第二个百年奋斗目标作出积极贡献！

隆国强

国务院发展研究中心副主任、党组成员

2024 年 3 月

前　言

　　合成生物技术融合了生物学、生物信息学、计算机科学、化学、材料学等多门学科，以"人工设计与编写基因组"为核心，针对特定需求从工程学角度设计构建元器件或模块，通过这些元器件对现有自然生物体系进行改造和优化，或设计合成全新可控运行的人工生物体系。合成生物技术本质上是突破自然进化的限制，让细胞为人类活动生产想要的物质。作为一种颠覆性前沿技术，合成生物技术能够颠覆传统的物资获取渠道和变革生产制造方式，可用于解决食品缺乏、能源紧缺、环境污染等人类经济社会发展面临的重大问题。合成生物技术进步及产业化对于改变经济增长方式、实现绿色可持续发展具有重要战略意义。

　　据不完全统计，全球已有60多个国家或地区制定了合成生物或生物经济发展战略、发展路线图和行动计划等相关政策。2012年，美国《国家生物经济蓝图》将以基因组学、合成生物学为代表的生物制造技术作为重点发展领域加以支持。2022年9月，美国总统拜登签署了旨在推动美国生物技术生产和研究的行政命令。2023年3月，美国又发布了《生物技术和生物制造明确目标》，设定了新的明确目标和优先事项，用以推进美国生物技术和生物制造发展。2014年，欧盟发布的《工业生物技术工业路线图》提出了生物制造技术的主要研究与发展方向，并提出到2030年将生物基产品或可再生原料替代份额增加到25%

的发展目标。2019 年，日本发布的《生物战略 2019》强调"力争通过发挥日本的生物制造优势并融合 IT 技术，为开拓和扩大市场、解决社会问题及实现可持续发展目标等作贡献"。澳大利亚政府对合成生物产业关注度较高，在高通量合成生物设施方面进行了大量布局。加拿大发布了《加拿大工程生物学白皮书：推动经济复苏和生物制造现代化技术平台》，出台了合成生物相关战略。

发展合成生物产业与我国可持续发展的重大战略需求相吻合，我国高度重视合成生物技术研发及产业布局。2021 年 5 月，习近平总书记指出，科技创新精度显著加强，对生物大分子和基因的研究进入精准调控阶段，从认识生命、改造生命走向合成生命、设计生命①。在《"十三五"生物技术创新专项规划》中，我国将合成生物技术列为"构建具有国际竞争力的现代产业技术体系"和"发展引领产业变革的颠覆性技术"之一。《"十四五"生物经济发展规划》提出，推动合成生物学技术创新，突破生物制造菌种计算设计、高通量筛选、高效表达、精准调控等关键技术。

与此同时，各省份纷纷出台支持合成生物产业发展的政策。2023 年 1 月，山东省政府工作报告中明确提出把"合成生物产业"作为大力培育支持的创新产业。2023 年 2 月，浙江省发布《浙江省人民政府办公厅关于培育发展未来产业的指导意见》，提出要优先发展"合成生物"等 9 个快速成长的未来产业。2023 年 4 月，河北省发布《河北省支持北戴河生命健康产业创新示范区发展若干政策措施》，支持合成生物、功能性食品、生物医药等重大产业和重大项目、重大科研基础设施在示范区布局。2023 年 5 月，深圳市光明区政府印发《深圳市

① 习近平：《在中国科学院第二十次院士大会、中国工程院第十五次院士大会、中国科协第十次全国代表大会上的讲话》，新华社，2021 年 5 月 28 日。

光明区关于支持合成生物创新链产业链融合发展的若干措施》。2023 年
9 月，杭州市发布《支持合成生物产业高质量发展的若干措施》。2023
年 10 月，上海市出台《上海市加快合成生物创新策源 打造高端生物
制造产业集群行动方案（2023—2025 年）》，并于同年设立上海合成生
物学创新中心。2024 年 1 月，北京市启动建设北京市合成生物制造技
术创新中心和中关村合成生物制造产业集聚区。我国合成生物产业发
展呈现出明显的区域梯度态势，体现在产业布局、科技实力、产业规
模、国际化程度等多个维度上。在科技实力和产业规模方面，北京、
上海、江苏、深圳、天津等地处于产业发展的第一梯队，拥有较为完
备的合成生物产业体系，初步建立了从基础研究到应用开发、从人才
培养到产业孵化的完整产业链条。山东、安徽、川渝等地区合成生物
产业虽然起步较晚，但已启动了产业体系构建，形成了我国合成生物
产业发展的第二梯队。

虽然我国合成生物产业培育取得较大进展，一些重点领域的发展
也取得了显著成效，但我国合成生物产业仍处于起步晚且迎头追赶的
状态。具体而言，我国合成生物产业发展面临科研基础相对薄弱、技
术原始创新不足、成果转化率偏低、优质产业主体不足、企业竞争力
较弱、学科发展体系不健全、复合型领军人才匮乏及产业发展缓慢等
问题和挑战。究其原因，可以归结为顶层设计及支持政策不完善、产
业发展缺乏必要统筹、要素市场及产品市场不健全等方面。

从未来发展形势看，全球合成生物产业发展将保持强劲势头。底
层技术方面，合成生物产业发展将带动基因测序、基因编辑等使能技
术迭代升级和成本下降。与此同时，合成生物领域的使能技术融合也
已成为趋势。未来，合成生物技术将向系统化方向发展，有望全面实
现各种化合物的低成本、高效率生产。推广应用方面，2030 年之前合

成生物技术应用以化学材料中的部分基础化学品及聚合物、农业食品中的食品添加剂、植物蛋白、发酵蛋白等散点突破为主。2030—2035年，围绕各大领域的合成生物技术应用进一步拓展，并实现部分全新子品类的技术突破和规模化生产。2035年以后，合成生物技术有望在热门应用领域及当前科研早期或技术瓶颈较难突破的领域实现产业化应用。市场潜力方面，全球合成生物产业过去五年经历了高速发展，市场规模从2018年的53亿美元增长到2023年的超过170亿美元，平均年增长率超过26%。麦肯锡研究院预测，到2025年全球合成生物产业规模将达到1000亿美元。2023年，我国合成生物产业市场规模约为11.5亿美元，预计未来几年将以23%的年增长率增长。

面对有利的发展形势及难得的发展机遇，我国应深入贯彻党的二十大精神，积极落实习近平总书记关于发展新质生产力的重要指示，将合成生物产业发展放在培育新质生产力、构建现代化产业体系、构筑国际竞争新优势的突出位置。进一步而言，我国应突破合成生物使能技术，掌握生物制造核心工艺，实现高水平科技自立自强；提升企业创新能力和产业链配套能力，保障供应链安全稳定，培育壮大合成生物产业体系；完善产业政策体系，创新产业管理体制机制，加强高水平对外开放协作；推动新一代信息技术在不同应用领域与合成生物技术深度融合，形成创新驱动、绿色智能、多元协同、安全高效的合成生物产业生态。

为实现合成生物产业高质量快速发展，我国应健全和完善产业支持政策体系，做优做强合成生物产业内核，加快构建产业发展的保障体系。第一，健全产业支持政策，明确合成生物产业发展的战略导向，研究制定国家合成生物产业发展规划及合成生物技术、产业发展路线图。构建产业发展的组织机制，组织开展联合攻关、成果转化、示范应用、标准制修订等工作。选取京津冀、长三角、粤港澳大湾区、成渝等有条件的地区，探索建设国家合成生物产业先导区。第二，做优做强合成生物产业内核。加强合成生物技术自主创新，引导企业构建多管线菌种研发能力，加强龙头企业培育，加快提升产业配套能力和生产装备智能化水平，构建多元化生物制造原料体系。第三，做好产业发展的保障体系建设。加快完善合成生物产品生产、入市的审批认定细则，打通合成生物产品上市渠道。培养合成生物技术前沿和产业发展急需人才，加大对海外顶级专家、学术骨干和海归人才的招引力度。推进产业投资渠道多元化，引导社会资本持续为产业创新提供支持。提高合成生物产业开放水平，统筹产业发展与安全，提升产业链供应链韧性及生物安全风险监测、评估、保障能力。

本书是国研智库联合国家发展改革委产业经济与技术经济研究所、工业和信息化部赛迪研究院、国家合成生物技术创新中心共同形成的研究成果。在研究开展和书稿撰写的过程中，工业和信息化部消费品工业司、科技部调研室、中国农业科学院、中国科学院天津工业生物技术研究所及上海市政府发展研究中心、深圳市政府发展研究中心、上海昌进生物科技有限公司等单位给予了较大支持。本书的撰写还得到了中国社会科学院、中国宏观经济研究院、清华大学、上海交通大学、西湖大学等单位有关领导、专家的指导和帮助，在此一并表示感谢。限于精力和水平，疏漏之处敬请批评指正。本书的出版将为各级政府部门、高等院校、科研院所、智库机构、产业服务平台及合成生物领域各类企业、投资者提供有价值的参考。

目 录

第一章

合成生物产业将释放巨大潜能

一、生物经济已成为推动高质量发展的强劲动力

生物经济是以生物资源作为关键要素，以生物技术为核心驱动力量，以生物安全为保障，建立在生物产业之上，以生物产品的生产、分配、交换和消费为基础的新型经济形态，主要包括生物资源、生物技术、生物产业、生物安全四个方面，涉及生物农业、生物医药、生物医学工程、生物制造、生物能源、生物环保、生物服务等众多领域。生物经济是继农业经济、工业经济、数字经济之后的第四种经济形态，也被称为"第四次浪潮"。随着生命科学、生物技术等持续进步，生物经济已成为当前最具创新活力、最能体现人与自然和谐相处的新经济形态，是国民经济发展的重要支撑和核心增长极之一。生物经济顺应全球生物技术加速演进趋势，是我国实现高水平科技自立自强的重要领域，也是推动经济高质量发展的强劲动力。

21世纪初，随着人类基因组第一份完整草图绘制完成，以遗传学和基因工程为核心的生物技术受到广泛关注。2007年，我国科学技术部（以下简称科技部）提出了生物经济"三步走"战略与推进生物经济发展的十大科技行动。2009年以来，我国将生物产业确立为战略性新兴产业，生物经济实现了快速发展，规模不断扩张。具体来看，我国生物经济规模从2012年的7.6万亿元增加至2021年的18.4万亿元，年均复合增长率超过10%。与此同时，我国生物经济融合发展不断深入，在三次产业中的渗透率持续提升。其中，第一产业生物经济渗透率达到47.1%，第二产业生物经济渗透率达到51.4%，第三产业生物经济渗透率为1.5%。随着生物技术和生物产业的快速发展，我国生物经济在第二、第三产业中的占比有望进一步提升。

　　"十四五"时期，我国生物技术和生物产业加速发展，生物经济正在成为经济增长的风口。目前，我国在新药研创数量方面位居全球第二，在基因检测、疫苗研发等领域已形成比较优势。我国在国际上率先提出将二氧化碳转化为生物基产品的第三代生物制造概念，并首次实现用二氧化碳人工合成淀粉。同时，我国生物经济区域集聚效应明显，京津冀、长三角、粤港澳大湾区、成渝经济圈成为我国生物经济创新发展高地。在政策支持、技术进步和产业升级的共同驱动下，我国生物经济规模持续扩大。根据相关研究，未来几年我国生物经济仍将保持较高的增速，2027 年生物经济市场规模有望超过 30 万亿元。

　　与工业经济、数字经济相比，生物经济具有强技术通用性、高知识密集性、高领域渗透性、循环可持续性等特征，成为继农业经济、工业经济、数字经济之后又一个推动人类社会可持续发展的全新经济形态。基于强实用性和高渗透性特征，生物技术可迅速实现产业化并大规模运用于推动经济社会发展的各个领域，跨界带动医药、农业、能源等产业转型升级，成为高质量发展的新动力。麦肯锡研究院预测，生物革命将在未来 10~20 年内产生 2 万亿～4 万亿美元的直接经济影响，其中超过 50% 来自非医疗卫生领域，如农业、纺织业等。生物经济多样化的生物技术产品与服务，可满足现代社会在健康福祉、美好环境、食品安全等多方面不断增长的巨大现实需求。同时，蓬勃发展的生物经济可创造更多的高价值就业机会，尤其是多样化的农业生物经济发展，不仅有助于缩小城乡差距，还能够促进区域协调发展。生物经济循环可持续的本质有着重要的战略价值和现实意义。此外，生物经济具有自然、健康、循环的特征，其发展可有效促进经济可持续、社会可持续及生态可持续的统一，开启可持续发展的新生物范式。

（一）合成生物技术是生物经济的前沿科技

合成生物技术具有巨大的创新潜力和应用前景，为生物经济的发展提供了强大的技术支持。生物经济产业链上游为生物资源供应和生物技术研究，中游涵盖生物医药、生物制造、生物农业、生物能源、生物环保、生物医学工程等重点产业，下游应用于医疗健康、食品、农业、工业、环保等领域。其中，生物制造是以合成生物技术为核心，利用酶、微生物细胞，结合化学工程技术进行目标产品加工的过程，其产品包括生物基材料、化学品和生物能源等。生物制造是将生物技术创新产品推向商业化的引擎，是生物经济的基础。

基因相关技术的出现及进步是合成生物产业发展的基础。20世纪50年代，DNA（脱氧核糖核酸）双螺旋结构的发现、遗传密码的破译、限制性内切酶的发现、PCR（聚合酶链式反应）技术的发明等一系列分子生物学重大成就，催生了基因工程技术。20世纪末，人类基因组计划带来了生命科学的第二次革命，实现了对基因组的全面"解读"，人类对生物体组成和生命规律的认识达到前所未有的系统生物学深度和定量生物学精度。人类掌握了"读""写""编"基因组的技术手段，获得了设计与合成生命的能力。人类基因组测序完成以后，基因测序的成本急剧下降，且下降速度超越摩尔定律。同时，第三代基因编辑技术相较于前两代技术操作过程更为简单，得以迅速普及，基因合成技术也在不断进步。随着基因合成成本的下降、组装和移植技术的不断改进，人类逐步具备对全基因组进行从头设计与合成的能力。21世纪以来，基因技术的工程化加快，产业化应用不断探索，合成生物技术产业化进入实质性推进阶段。

美国作为合成生物技术的发源地，经过长期关注、战略布局和持续投入，其合成生物产业在全球独占鳌头。欧盟很早就重视合成生物产业顶层设计和战略规划。英国不仅是全球最早发布合成生物学路线图的国家，还通过多学科网络中心的建设、社区的建立、技术市场化，推动了合成生物产业全面发展，在国际上占据领先地位。日本近年来发布了多项生物领域的国家战略，加大合成生物投资力度。澳大利亚对合成生物产业关注度很高，特别是在高通量合成生物设施方面进行了大量布局。加拿大发布了《加拿大工程生物学白皮书：推动经济复苏和生物制造现代化技术平台》，出台了合成生物相关战略。新加坡也发布了推进国家合成生物技术研究的专项计划。

发展合成生物产业与我国可持续发展的重大战略需求相吻合，我国高度重视合成生物技术研发及产业布局。2021年5月，习近平总书记在中国科学院第二十次院士大会、中国工程院第十五次院士大会、中国科协第十次全国代表大会上指出，科技创新精度显著加强，对生物大分子和基因的研究进入精准调控阶段，从认识生命、改造生命走向合成生命、设计生命[1]。《"十四五"生物经济发展规划》提出，推动合成生物学技术创新，突破生物制造菌种计算设计、高通量筛选、高效表达、精准调控等关键技术。

（二）合成生物产业是生物经济发展的新引擎

合成生物技术是继DNA双螺旋结构发现和人类基因组测序计划之后，以基因组设计合成为标志的第三次生物技术革命，正在以工程学的方法论重塑整个生命科学领域。合成生物技术于2004年入选《麻省理工科技评论》"十大突破性技术"，并在2012年CRISPR-Cas9基因编辑技术出现之后呈现爆发式发展态势。

合成生物技术制造的产品有潜力替代大约70%的化学制造产品，

---

[1] 习近平：《在中国科学院第二十次院士大会、中国工程院第十五次院士大会、中国科协第十次全国代表大会上的讲话》，新华社，2021年5月28日。

可以显著降低工业生产过程中的能耗、原料消耗和空气污染，预示着我国制造领域的一场新变革。合成生物产业是推动生物经济发展的新质生产力引擎，其发展离不开合成生物技术的支撑。合成生物技术支撑的生物制造代表了新质生产力的发展方向，有能力重塑地球的资源利用方式。从理论上看，地球上超过 60% 的物质可通过以合成生物技术为支撑的生物制造来获取。合成生物技术能够颠覆传统的物质获取方式，是实现绿色制造和双碳目标的关键技术支撑。

二、合成生物技术及产业相关原理

（一）合成生物技术基本原理

合成生物技术融合了生物学、工程学、物理学、化学、计算机等学科，借助生命体高效的代谢系统，通过设计和构建新的生物系统或重新设计现有生物系统，实现特定功能。其关键技术包括基因合成与编辑技术（如 CRISPR-Cas9）、DNA 组装技术（如 Golden Gate 组装和 Gibson 组装）、计算机辅助设计与建模工具、合成代谢途径的重编程、合成细胞与最小细胞的构建、生物元件库与标准化、生物传感器与检测技术（如荧光报告基因和化学传感器），以及合成生态系统与生物安全措施。这些使能技术[①]共同推动了生物科学与工程学的交叉融合，为解决能源、环境、医药等领域的重大问题提供了新的手段和思路。合成生物技术的颠覆性体现在打破了非生命化学物质和生命物质之间的界限，能够以新方式重新配置地球资源，替代原来的化石基来源及动物提取、植物提取、化学提取等传统生产方式，"自下而上"地逐级构筑生命

---

① 使能技术（enabling technology）没有严格的定义，一般而言指一项或一系列应用面广，具有多学科特性，为完成任务、实现目标的技术。

活动。

（二）合成生物产业的代表性技术

合成生物产业的代表性技术主要包括基因测序与编辑技术、基因表达调控技术、基因合成与组装技术、细胞培养与微生物发酵技术、生物信息学技术等。

（1）基因测序与编辑技术。基因测序技术是合成生物技术的基础，这项技术能够精确地测定基因组的序列，从而了解基因的结构和功能。基因编辑技术是一种在 DNA 水平上对基因进行精确编辑的技术，包括 CRISPR-Cas9 系统等。

（2）基因表达调控技术。基因表达调控技术通过调节基因的表达水平来改变细胞的行为，包括启动子工程、转录因子工程等。

（3）基因合成与组装技术。基因合成与组装技术是将 DNA 片段组装成完整的基因或基因簇，用于创建新的生命形式或改造现有的生命系统。

（4）细胞培养与微生物发酵技术。细胞培养技术是在体外培养细胞的技术，用于研究细胞生长与分化、生产生物制品和筛选药物。微生物发酵技术是在微生物细胞中生产有用化合物的技术，包括生产抗生素、氨基酸等。

（5）生物信息学技术。生物信息学技术及测试标准 DBTL（设计—构建—测试—学习）对合成生物产业来说较为重要，人工智能技术赋能合成生物产业，将大幅提升合成生物产业各个环节的工作效率，成功缩短研发周期，显著降低成本等。

（三）合成生物产业的基本形态

合成生物产业主要涵盖合成生物技术研发、产品设计开发及生产制造、产品推广应用等方面。合成生物产业可分为上游菌种开发、中游发酵生产以及下游商业推广三个部分,具体又可分为基因工程、构建高效工程菌、代谢调控、发酵工程放大合成、分离纯化、应用开发等多个环节。其中,在大规模生产上潜在具备合同研发与制造组织(CDMO)属性。中下游企业之间并无明确界限,我国现阶段整体尚处在合成生物产业发展早期,不少合成生物技术公司实质上为中下游一体化企业。

此外,合成生物产业也可以分为工具层、平台层和应用层。其中,上游是工具层,为产业发展提供关键的底层技术和原料等,如基因测序、基因合成、基因编辑、细胞培养基以及菌株等,这类公司也被称为技术赋能公司。中游是平台层,提供技术赋能、构建平台型生物公司,涉及对生物系统和生物体进行设计、开发和改造等。下游则是各类产品应用型公司,覆盖范围广泛,涉及医药、农业食品、化工能源和信息技术等领域的应用和产品落地。上游使能技术繁多,各企业通常聚焦某一技术领域,如二代合成、三代测序、新一代基因编辑工具、仿真测试、自动化/高通量设备等。中下游企业又可分为平台型公司和产品型公司两类。平台型公司中,领先企业已开始以合同研究、开发及生产组织(CRDMO)模式提供全链条的工程化开发及转化服务,且可按技术路线分为体内平台和体外平台(如酶工程平台等)。产品型公司又可按照下游应用、使用技术、产品属性等不同维度进行分类。从技术视角来看,企业当前所使用的原料及生产技术路线,可在一定程度上提示其未来技术升级方向。总体来看,合成生物产业的主要壁垒可分为上游开发阶段的菌种研发管线和专利保护壁垒、中游生产阶段的低成本工业化生产壁垒以及下游推广过程中的商业化壁垒。

三、合成生物技术应用的主要领域

近年来，得益于技术突破、政策支持等因素叠加，合成生物产业取得突破性进展，技术广泛应用于生物医药、食品与农业、生物制造、生物能源、生物资源、化工材料等领域。

目前，合成生物技术在食品、农业、材料、能源、医药领域，合成生物技术的应用加速演进。其中，在食品领域，科研人员用类似"搭积木"的方式，从头设计出 11 步主反应的非自然二氧化碳固定与人工合成淀粉新途径。根据实验室测试，人工淀粉合成速率与自然淀粉合成速率之比约为 8.5∶1。按照当前的技术参数推算，若能量供给充足，则理论上 1 立方米大小的生物反应器淀粉年产量，与 5 亩土地玉米的淀粉年平均产量相当。相关技术的突破，增加了淀粉生产从传统农业种植模式向工业车间生产模式转变的可能性，并为二氧化碳原料合成复杂分子提供了新技术路线。在农业领域，掌握了在多种微生物底盘细胞中合成核糖核酸（RNA）的能力，而且研发了 RNA 无细胞合成的关键酶，可以实现多场景需求的双链大片段 RNA 的规模化生产。在材料领域，以聚羟基脂肪酸酯（PHA）为代表的新型聚合材料可通过天然微生物代谢途径合成，商业化程度高，部分细菌的聚酯分泌物可模拟塑料，性质类似热塑性塑料。在生产成本与同类塑料相似的情况下，其凭借较低的碳排放量获得商业化优势。在能源领域，合成生物技术通过优化碳源、探索新生物能源形式这两个方面作用于生物能源产业发展。生物能源面临高昂成本和低廉价值的矛盾，一旦单位热值成本与化石燃料持平，其可再生特性将带动产业快速成长。例如，纤维素乙醇、生物柴油、劣质蛋白生产沼气等可实现碳源优化，而生物脂肪烃、生物氢、生物电等可作为新生物能源。在医药领域，西格列汀是主流的糖尿病治疗药物，每年销售额达数十亿美元。我国已掌握了西格列汀关键中间体的专利生产技术，推动了这项重磅药物的国产化进程。2021 年，我国研发的西格列汀仿制药获得国家药品监督管理局药品审评中心正式批准。

四、合成生物产业发展的重大意义

合成生物技术是颠覆性前沿技术，与传统技术手段相比，生物手段合成不需要使用化石燃料，可显著降低能耗，能在常温常压下进行生产，且产生的废料对环境相对友好。基于合成生物技术的生物制造是一种具有潜力的绿色生产方式，可以降低工业生产过程中的能耗、物耗，减少废物排放，减轻对空气、水、土壤等自然资源的污染，并进一步降本增效。根据国家发展改革委创新和高技术发展司发布的报告，和石化路线相比，生物制造产品平均节能减排 30%~50%，未来有望达到 50%~70%。以基础化学品 1,3- 丙二醇合成生物制造为例，与石油路线相比，用生物法制造 1,3- 丙二醇可实现二氧化碳减排 63%、原料成本下降 37%、能耗减少 30%。在全球倡导碳中和的背景下，合成生物技术无疑提供了非常好的解决方案。2014 年经济合作与发展组织（OECD）发布的《合成生物学政策新议题》预测，未来将有 35% 的化学品和其他工业产品可能涉及生物制造。世界自然基金会估测，到 2030 年，工业生物技术每年将减少 10 亿 ~25 亿吨二氧化碳排放。使用可控的 100 立方米工业发酵罐进行生产，可以替代 5 万亩的传统农业种植。以目前的生物制造技术来看，数千平方米的发酵车间便可以取代数十万亩的耕地。

　　以基因合成、编辑为代表的合成生物技术在过去 20 年间有了快速的发展，有力支撑了合成生物产业迭代和升级。合成生物技术从概念向产业的转变，关键在于底层技术的创新。基因合成从传统的小片段化学合成发展到第四代酶促合成技术，基因编辑效率和准确度都有了极大的提升。同时，随着多组学的出现，从遗传物质 DNA 到最终转录产物蛋白质，功能解析越来越清楚，分子间相互作用网络也更加明晰，促进了合成生物技术 DBTL 研发模式的发展，合成生物产业处于上升期。

　　合成生物技术正向实用化、产业化方向加速发展，在绿色低碳、生物信息技术、生物材料、人工智能等领域都会发挥独特而重要的作用，对于改变我国经济增长方式、实现绿色可持续发展，具有重要的战略意义。合成生物产业的发展能够加速生物科学和技术创新，通过对生物系统的精确控制和改造，开发新的生物材料、药物、能源等产品。这将为人类面临的各种问题提供新的解决方案，推动科学技术的进步。合成生物产业注重生态环境的保护和可持续发展，能够减少对传统化学合成方法的依赖，降低资源消耗、减少环境污染。通过利用可再生资源和生物降解材料，以更加环保和可持续的方式完成生产活动。合成生物产业具有巨大的经济潜力，能够为生物医药、农业、能源等相关产业带来新的发展机遇和创造就业机会，促进产业升级和经济增长。

　　（一）合成生物产业是新质生产力的代表

　　新质生产力由技术革命性突破、生产要素创新性配置、产业深度转型升级而催生，以劳动者、劳动资料、劳动对象及其优化组合的跃升为基本内涵，以全要素生产率大幅提升为核心标志[①]，特点是创新，关键在质优，本质是先进生产力。科技创新能够催生新产业、新模式、

---

　　① 宋葛龙：《加快培育和形成新质生产力的主要方向与制度保障》，《人民论坛·学术前沿》，2024 年第 3 期。

新动能，是发展新质生产力的核心要素。

2023年12月召开的中央经济工作会议提出，要以科技创新推动产业创新，特别是以颠覆性技术和前沿技术催生新产业、新模式、新动能，发展新质生产力。合成生物技术是基于新一轮科技革命和产业变革的颠覆性前沿技术，合成生物产业代表了新质生产力的发展方向，其发展将有力支撑我国现代化产业体系建设和经济高质量发展。合成生物产业以合成生物技术突破和产业化为基础，指引了生物技术革命和产业变革的方向，具有新兴技术和新兴产业深度融合的特征。合成生物产业链条较长，与现有产业体系关联度高，其前沿技术可广泛应用于医药、能源、材料、化工、农业等领域，能够显著带动相关产业发展和催生新消费，辐射带动效应较为突出。

（二）我国亟须加快推进合成生物产业发展

与欧美等发达国家和地区相比，我国合成生物技术和产业发展基本处于同一水平。合成生物产业具有革命性、颠覆性创新潜力，为在新一轮科技革命和产业变革中保持竞争优势，世界主要国家将合成生物产业视为科技战略高地和产业发展的制高点。我国合成生物产业起步稍晚，但近年来发展进程加快。2010年，国家重点基础研究发展计划（973计划）启动部署"合成生物学"专题研究。《"十二五"生物技术发展规划》首次明确提出发展合成生物学技术。2018年，科技部启动了国家高技术研究发展计划（863计划）"合成生物学"重点专项，积极推进合成生物关键共性技术及核心技术研发。在《"十三五"生物技术创新专项规划》中，我国将合成生物技术列为"构建具有国际竞争力的现代产业技术体系"和"发展引领产业变革的颠覆性技术"之一。2022年5月，国家发展改革委印发《"十四五"生物经济发展规划》，强调底层技术建设，以及在医药、农业、食品等领域的应用。合成生物技术作为新质生产力发展的重要推动力量，对促进高质量发展来说举足轻重。我国应在战略层面对合成生物产业予以足够重视，加快推进合成生物产业发展。

五、合成生物产业发展前景广阔

（一）发展合成生物产业符合我国战略导向

在实现中国式现代化的进程中，我国需要解决粮食供应、资源分配、能源环境等方面存在的问题，发展合成生物产业将成为我国实现人口规模巨大的现代化、全体人民共同富裕的现代化、人与自然和谐共生的现代化的重要手段。

党的二十大报告提出，加快构建新发展格局，着力推动高质量发展。推动战略性新兴产业融合集群发展，构建新一代信息技术、人工智能、生物技术、新能源等一批新的增长引擎。树立大食物观，构建多元化食物供给体系。《中华人民共和国国民经济和社会发展第十四个五年规划和 2035 年远景目标纲要》（以下简称"十四五"规划）提出，聚焦新一代信息技术、生物技术、新能源、新材料、高端装备、新能源汽车等战略性新兴产业，培育壮大产业发展新动能。推动生物技术和信息技术融合创新，加快发展生物医药、生物育种、生物材料、生物能源等产业，做大做强生物经济。可见，党的二十大报告、"十四五"规划不仅为合成生物产业发展指明了方向，也为其创造了难得的发展机遇。

2023 年 12 月举行的中央经济工作会议强调，打造生物制造、商业航天、低空经济等若干战略性新兴产业，开辟量子、生命科学等未来产业新赛道，广泛应用数智技术、绿色技术，加快传统产业转型升级。

2024 年政府工作报告提出，积极打造生物制造、商业航天、低空经济等新增长引擎。

2024 年 1 月，工业和信息化部等 7 部门联合印发的《关于推动未来产业创新发展的实施意见》提出，到 2025 年，未来产业技术创新、产业培育、安全治理等全面发展，部分领域达到国际先进水平，产业规模稳步提升。到 2027 年，未来产业综合实力显著提升，部分领域实现全球引领，成为世界未来产业重要策源地。其中，未来健康领域要加快细胞和基因技术、合成生物、生物育种等前沿技术产业化。

（二）合成生物产业将成为新的经济增长点

我国是世界上生物资源和生物多样性最丰富的国家之一，生物经济发展基础较好、潜力巨大，近年来发展迅速。国家层面高度重视生物经济发展，不断作出重要战略部署，大力促进生物技术和生物产业发展，加快建设健康中国、美丽中国、制造强国，推进生态文明建设。与此同时，各省在"十四五"规划中也纷纷提出支持合成生物产业的发展政策。2023 年 1 月，山东省政府工作报告明确提出把"合成生物"产业作为大力培育支持的创新产业。2023 年 2 月，浙江省发布《浙江省人民政府办公厅关于培育发展未来产业的指导意见》，提出要优先发展"合成生物"等 9 个快速成长的未来产业。2023 年 4 月，河北省发布《河北省支持北戴河生命健康产业创新示范区发展若干政策措施》，支持合成生物、功能性食品、生物医药等重大产业和重大项目、重大科研基础设施在示范区布局。2023 年 5 月，深圳市光明区印发《深圳市光明区关于支持合成生物创新链产业链融合发展的若干措施》。2023 年 9 月，浙江省杭州市发布《支持合成生物产业高质量发展的若干措施》。2023 年 10 月，上海市出台《上海市加快合成生物创新策源 打造高端生物制造产业集群行动方案（2023—2025 年）》，并于同年设立上海合成生物学创新中心。2023 年 11 月，江苏省常州市发布《常州市关于支持合成生物产业高质量发展的若干措施》。2024 年 1 月，北京市启动建设北京市合成生物制造技术创新中心和中关村合成生物制造产业集聚区。

合成生物技术的创新与应用，将为生命健康、绿色农业、生物能源等领域带来新的经济增长点。在生命健康方面，合成生物技术的发展加速了药物研发的进程，使新药物能够更快地进入市场，满足患者需求并带来巨大的经济效益。通过基因编辑技术，科学家能够研发出更加精准和高效的治疗方法，大大降低医疗成本。在农业生产中，合成生物技术可培育出高产、抗病的作物，提高农业生产效率和农产品质量。精准农业技术的应用，优化了农作物的生长条件，减少了资源浪费，确保了农业的可持续发展。此外，生物降解材料和环境修复技术的研发，有效减少了环境污染，推动了绿色经济的发展。例如，生物降解塑料的使用，减少了传统塑料对环境的污染，经过基因改造的微生物则能够高效分解污染物和恢复生态系统。合成生物技术还创造了大量的就业机会和市场需求，推动了相关产业的发展。同时，生物信息学和合成生物设备制造等技术服务产业的迅速发展，满足了市场对技术支持和设备的需求。此外，合成生物技术在推动能源产业转型方面也发挥了重要作用。通过生产生物燃料和氢能，合成生物技术促进了传统能源产业向可再生能源的转型，优化了能源结构，减少了温室气体的排放，有助于实现"碳中和"目标。这些技术创新和应用不仅推动了相关产业的发展，还为全球经济带来了新的增长点，促进了可持续发展。

全球合成生物产业快速发展，市场规模从 2018 年的 53 亿美元增长到 2023 年的 170 多亿美元，年均增长率超过 26%。麦肯锡研究院预测，到 2025 年，全球合成生物产业规模将达到 1000 亿美元；到 2040 年，通过将合成生物技术用于材料、化学及能源品，全球合成生物产业规模有望达到 4 万亿美元。根据市场研究公司 Research And Markets 的数据，在全球市场持续扩张的情况下，中国亦将成为发展潜力最大的市场之一。2023 年，我国合成生物产业市场规模约为 11.5 亿美元，预计未来几年将以 23% 的年均增长率增长。

第二章
全球合成生物产业
呈现加速发展态势

近年来，全球合成生物产业呈现加速发展态势。这主要体现在美国、欧盟、英国、日本、澳大利亚等国家和地区明确合成生物产业战略导向，出台合成生物产业相关支持政策，以及更加重视合成生物技术研发和培育合成生物企业等方面。

一、主要国家和地区合成生物产业战略导向及支持政策

（一）美国：发布多份研究路线图，重视跨学科融合

美国多个政府部门出台了数量众多的计划和战略，以推动本国合成生物产业发展。美国农业部早在 2006 年就开始支持合成生物领域开展相关研究，随后国家科学基金会、国立卫生研究院、能源部、国防部等也纷纷加入资助队伍，支持合成研发中心的建立和生物基础研究、技术开发。例如，2013 年，美国国防部向国会提交了《向国会报告：合成生物学》，以响应美国国会关于"联邦政府支持的研究和开发活动的综合合成生物学计划的要求"；美国国防部于 2014 年发布的《国防部科技优先事项》将合成生物技术列为 21 世纪优先发展的六大颠覆性基础研究领域之一；美国国家研究理事会于 2015 年发布《生物学工业化路线图：加速化学品的先进制造》，提出了未来"生物合成与生物工程的化学品制造达到化学合成与化学工程生产的水平"的发展愿景，并制定了发展和整合原料、微生物底盘与代谢途径开发、发酵以及加工等多个领域的路线图目标；2016 年，美国陆军部发布《2016—2045年新兴科技趋势报告》，明确了包括"合成生物科技"在内的 20 项最值得关注的科技及发展趋势，并认为"合成生物科技的进步，将促进人类跨入生物科技的新时代"；2017 年，美国国家科学基金会宣布征集"用于信息处理和存储技术的半导体合成生物学（SemiSynBio）"项

目，布局半导体与合成生物技术的前沿交叉，目标是利用半导体技术整合合成生物技术来创建存储系统；2018年6月，美国国家科学院发布的《合成生物学时代的生物防御》提出，美国政府应该密切关注合成生物这一高速发展的领域。2019—2021年，美国工程生物学研究联盟（EBRC）相继发布《工程生物学：下一代生物经济的研究路线图》《微生物组工程：下一代生物经济研究路线图》《工程生物学与材料科学：跨学科创新研究路线图》，提出了工程生物学与材料科学和微生物组工程未来10~20年的关键技术领域，指明了跨学科创新研究与应用的发展方向；2021年，EBRC发布《气候与可持续发展路线图》中期报告，明确提出了合成生物技术在食品和农业、运输和能源生产、未来材料生产三大应用领域的重点攻关方向；2021年6月，美国国会参议院通过了《2021年美国创新和竞争法案》，将合成生物技术列为几大关键技术重点领域之一，在对其所有政府部门的指导中，均着重强调了配合发展"合成生物学/工程生物学"；2022年9月，美国总统拜登签署行政令，启动美国《国家生物技术和生物制造计划》，以利用生物技术和生物制造来应对全球挑战，为合成生物产业相关技术应用提供了重要指导；2023年3月，美国白宫科技政策办公室（OSTP）发布《生物技术与生物制造宏大目标》报告，公布了政府的明确目标，对2022年9月拜登签署的《促进生物技术与生物制造创新，实现可持续、安全、可靠的美国生物经济》行政令作出积极响应，计划在5年内加大投入，以促进美国合成生物技术创新、提高生物制造能力，强调利用合成生物技术颠覆现有生产过程，为多样化产业布局带来新的发展机遇。

（二）欧盟：重视顶层设计和战略规划

为了提升在合成生物领域的竞争力，2012年欧洲建立了由14个欧盟国家参加的欧洲合成生物研究区域网络（ERASynBio），这是欧盟第七框架计划（FP7）资助的三年期项目，致力于通过协调各国的经费、研究团队、人才培养，以及解决伦理、法律、社会和基础设施等问题，提升欧洲合成生物领域的发展水平。2014年，ERASynBio发布的《欧洲合成生物学下一步行动——战略愿景》绘制了欧洲合成生物技术短期、中期和长期的路线图。近几年，欧盟通过"地平线欧洲"计划，资助利用合成生物技术进行的与能源研发、新兴突破性技术和气候解决方案等相关的项目。欧盟还支持工业生物技术创新与合成生物技术加速器（IBISBA 1.0），作为欧洲重要的研究基础设施，推动合成生物技术创新和应用。2023年，欧洲生物工业协会（EuropaBio）举办首届生物制造政策峰会，会后发布《2023年生物政策峰会报告与建议》（以下简称《报告与建议》），提出欧洲需要绘制反映全球定位和目标的跨部门生物制造路线图，并提出认可欧盟工业战略、制药战略、生物经济战略和绿色交易工业计划等欧洲高水平战略的跨部门生物制造。《报告与建议》还评估了生物制造链中的关键环节和薄弱环节，提出了提高欧洲竞争力等10项建议，以支持欧洲各国制定生物制造战略、政策和监管框架。此外，欧盟委员会主席冯德莱恩在国情咨文讲话中将"欧盟生物技术和生物制造倡议"列入2024年关键优先事项。值得注意的是，虽然欧盟合成生物产业市场规模仅次于美国，但在政策层面其对新技术持保守态度，倾向于在预防原则下审慎对待技术发展的监管，因此在技术研发和投资环境、产业生态集群等方面，都与美国存在一定差距。

（三）英国：制定国家战略规划，推动合成生物产业发展

英国是最早意识到合成生物技术带来的机遇并及时作出响应的国

家之一。与美国类似，英国政府也极其重视新兴的合成生物技术，是国际上率先制定合成生物技术路线图的国家。自2007年以来，英国研究理事会（RCUK）持续资助合成生物技术发展。2012年，英国商业、创新与技能部（BIS）发布《英国合成生物学路线图》，明确指出实现合成生物研究创新效益和经济效益最大化的重要性，为英国合成生物产业发展提出了基础科学和工程、继续开展负责任的研究和创新、面向商业应用进行技术开发、应用和市场以及国际合作5个重点主题；英国合成生物学领导理事会（SBLC）发布《生物经济的生物设计——合成生物学战略计划2016》，依托英国的基础研究能力加速合成生物技术的商业化。英国商业、能源与工业战略部（BEIS）于2018年发布《发展生物经济，改善我们的生活、强化我们的经济：2030年国家生物经济战略》，着力推动合成生物技术研究的转化与应用，建立和完善合成生物技术产业创新网络式布局，推动国家工业战略的实施。2018年，英国生物技术和生物科技研究理事会（BBSRC）发布了《英国生物科学前瞻》报告，确定英国生物科学发展方向的路线图，强调利用前沿生命科学应对粮食安全、清洁增长和老年人健康等重大社会挑战。英国通过BBSRC为合成生物技术研发项目提供持续资金支持，以维护其在生物科学领域的全球领导地位。2022年5月，英国研究与创新署（UKRI）向帝国理工学院合成生物学中心提供了150万英镑的资金，并联合7家行业合作伙伴和10家学术机构，建立AI-EB联盟，旨在利用、结合人工智能和工程学的关键技术实现创新。2023年，英国政府提出"人工智能生命科学加速器任务"（AI Life Sciences Accelerator Mission），并投入1亿英镑的资金，推动人工智能在生命科学领域的应用。2023年12月，英国科学、创新和研究部（DSIT）发布《工程生物学的国家愿景》，制定了10年战略计划，投入

20 亿英镑支持工程生物学，旨在利用生物学理论与技术提供新的医学疗法、作物品种、环保燃料和化学品，巩固英国的科技大国地位。英国环境、食品和乡村事务部（Defra）颁布《基因技术（精准育种）法案》，为应对病虫害和环境挑战提供契机，助推基因编辑育种商业化，增强粮食供应韧性。英国研究与创新部和国防科学技术实验室拨款2060 万英镑，通过国家工程生物学计划资助创新工程生物学项目，明确关注应用研发、创新和商业化。英国国家量子技术计划（NQTP）的模式可以为推动工程生物学领域的创新提供参考。

（四）日本：以发酵技术为基础，挖掘合成生物技术巨大潜力

2019 年，日本发布《生物战略 2019》，提出到 2030 年建成"世界最先进的生物经济社会"，并围绕生物制造技术发展等重要主题制定了《生物战略 2020》。2021 年，日本经济产业省发布《生物技术驱动的第五次工业革命》，将智能细胞和生物制品列为生物经济领域优先发展方向。2022 年，日本三井物产战略研究所发布了《合成生物学的技术领域与应用——基于日本微生物发酵历史创造新产业的可能性》，指出日本借助发酵技术中积累的丰富的微生物和基因工程等方面的经验，激发合成生物新产业方面的巨大发展潜力。

（五）韩国：培育生物产业集群，重视生物制药生产

韩国政府计划培育生物产业集群，将松岛地区发展成全球生物制药生产中心。韩国科学技术信息通信部在《第四次生物技术振兴基本计划（2023—2032）》中提出，推进生物技术创新发展，到 2030 年，将韩国生物产业生产规模扩大到 100 万亿韩元，将相关技术水平提高到美国的 85%，并在 7 年内研发 4 种全球新药。此外，该部门还宣布与美国国家科学基金会于 2024 年启动新的生物经济研发合作，包括落实美国劳伦斯伯克利国家实验室（LBNL）和韩国生物科学与生

物技术研究所（KRIBB）签订的关于生物制造的谅解备忘录，启动 1.5 轨道通道，加速双边研发，增强全球生物制药供应链韧性等。韩国贸易、工业和能源部发布"生物经济 2.0"推进方向，强调将生物制造、生物材料、生物能源、数字技术作为推动生物制药行业的四个"轮子"，体现了韩国计划发展为全球"头号生物经济体"的期望和决心。

（六）澳大利亚：加紧建设基础设施，加速合成生物领域发展

2014 年，澳大利亚成立合成生物学专业协会。2016 年，澳大利亚联邦科学与工业研究组织（CSIRO）向合成生物未来科学平台（SynBioFSP）投入了 1300 万澳元，以支持该领域的研发。同年，澳大利亚国家研究基础设施（NRI）路线图将合成生物技术作为优先发展领域。2019 年，澳大利亚杰出学者委员会（ACOLA）发布《澳大利亚合成生物学展望 2030》，分析了合成生物技术发展带来的机遇和挑战，对澳大利亚发展合成生物产业提出了若干建议。2021 年，CSIRO 发布《国家合成生物学路线图：确定澳大利亚的商业和经济机会》，明确合成生物技术对澳大利亚的价值，并指出需要国家的协调和支持，来推动其应用的示范化、规模化和商业成功。2024 年 2 月，CSIRO 与主序风险投资基金（Main Sequence Ventures）联合发布《合成生物学国家进展报告》，预测到 2040 年，合成生物技术将助力澳大利亚打造每年价值高达 300 亿美元的产业，并创造超过 5 万个新的就业机会。

（七）其他国家和地区

2020 年，加拿大国家工程生物学指导委员会（NEBSC）发布《工程生物学白皮书经济复苏与生物制造现代化》报告，强调工程生物学将推动加拿大知识型经济发展并创造高质量就业和培训机会，确保加拿大生物技术公司和制造商在规模不断扩张的全球市场中具有竞争力。

2018 年，新加坡国立研究基金会（NRF）宣布资助一项国家合成生物研发计划（Synthetic Biology Research and Development Programme），以提升新加坡生物基经济的科学研究水平，该计划将确保新加坡在临床应用和工业应用等方面合成生物研究能力的全面提升。据不完全统计，全球已有 60 多个国家和地区制定了与生物经济发展相关的战略规划及行动计划。发展合成生物技术和产业，已成为促进可持续发展目标达成的重要战略选择，在某种程度上也是一个经济体综合发展能力的体现。

二、主要国家和地区合成生物技术发展情况

（一）美国合成生物技术创新活跃，研究成果丰硕

合成生物前沿技术创新方面，美国亚利桑那州立大学的研究者开发了一种递送可编程药物的优化路径，通过重新分配遗传部件的合成成分，减少其相互抑制，优化宿主资源配置，新策略使可编程药物递送离临床应用更近一步。基因工程使细胞执行可定制的功能是新兴的生物技术前沿，可以进行许多技术的转化应用。然而，在哺乳动物细胞中进行可预测的基因线路设计仍然是一个较大的挑战。美国西北大学的 Josh Leonard 团队通过利用高性能的转录和翻译后调控元件及计算模型，研发了一种在哺乳动物细胞中实现可预测基因线路设计的方法。美国麻省理工学院的研究者首次设计出由蛋白质—蛋白质相互作用组成的超快速、可逆的生物合成电路，使设计新的细胞行为成为可能，对于合成生物技术发展和应用具有重大意义。普林斯顿大学研究团队首次揭示了将硒引入微生物小分子的生物合成途径，这也是首次在天然产物中发现硒元素，为硒生物学研究开辟了更广阔的前景，该研究

成果发表于 2022 年 9 月 7 日的《自然》（Nature）期刊。美国贝勒医学院的孙正团队和莱斯大学的高雪团队利用广泛使用的癌症治疗系统来控制哺乳动物细胞中的基因表达，这是合成生物技术的一项重大创新，有望颠覆未来疾病的治疗方式。人工细胞的合成对于科学家理解生命与基因的奥秘具有重要意义。20 多年来，人们一直尝试在实验室中将一些生物分子拼凑起来，从而创造出可以自主控制、代谢、维持生命的人造细胞。美国克莱格·文特尔研究所（JCVI）、麻省理工学院等研究机构科研人员首次创造出可以正常生长和分裂的简单合成细胞。美国西北大学的研究人员研发出一种整合的体内/体外细胞框架，利用代谢重组酵母提取物，提高无细胞生物合成能力。2020 年，美国加州大学圣地亚哥分校研究者破解了衰老过程背后的基本机制，使用遗传手段干预衰老过程来延长细胞寿命。2023 年《科学》（Science）报道，该团队利用合成生物技术开发了一种基因振荡器（Gene Oscillator），可显著延缓细胞衰老进程，有望重新开发出延迟衰老的科学方法。

合成生物产品开发方面，美国加州大学伯克利分校的研究团队报告了一种表达异源生物合成途径的工程微生物细胞，其中包含天然酶和人工含金属酶（ArMs），可产生具有高非对映选择性的非天然产物。人造生命一直是生物医学领域的一项重要研究课题。美国纽约大学与芝加哥大学的研究人员合作，利用人工合成材料设计出了一种具有单个微孔的"无机中空微胶囊"。它作为一种"人造细胞"，可具备活细胞的基本功能，实现分子主动运输。该研究被认为是人造生命领域的一项重大突破。美国西北大学研究人员用一种负碳发酵路线，基于丰富、低成本的废气原料，人工改造了微生物生产工业生产中重要的化学物质丙酮和异丙醇。美国杜克大学生物医药工程系的 Ashutosh Chilkoti 团队研发了用于细胞控制的可编程合成生物分子凝聚物，该方法为工程设计凝聚物在合成生物产业的应用奠定了基础。美国加州大学伯克利分校的研究人员通过引入工程化酶和建立细胞代谢将非天然卡宾转移反应完全整合到了白色链霉菌中，并成功生产了 222 微克 / 毫升的环丙烷。美国特拉华大学研究团队通过基因工程改造大肠杆菌，成功合成了一种先前被证实具有调控机体免疫功能的非天然氨基酸，这种氨基酸具有稀有的硝基官能团。该研究团队还用单一细菌菌株来制造这种氨基酸，并把它们放在目标蛋白质的特定位点，这一研究结果为将来开发独特的疫苗及免疫疗法提供了研究基础。美国康奈尔大学研究团队创造了一种新型微生物——工程化纳氏弧菌（Vibrionatriegens），这种微生物不需要专用设备即可进行质粒转化，而且整个过程可以在室温下完成。这种简化的方法显著降低了成本，并可以应用于蛋白质生产、简单的 DNA 组装等多个研究方向。美国宾夕法尼亚大学研究团队在活细胞内对蛋白质进行改造，成功构建了蛋白质逻辑门，不仅能够实现纳米计算，而且能够精确控制细胞的运动。该研究为构建复杂的纳米计算奠定了重要基础。目前，合成生物研究人员在利用改造细菌发酵生产药物或其他物质时面临两大难题：一是细菌被病毒污染造成损失；二是细菌逃逸将造成潜在危害。美国哈佛大学医学院乔治·丘奇团队改造大肠杆菌菌株，使其对自然界所有已知病毒感染免疫，同时也将改造基因逃逸到野外的可能性降到最低。

染色体技术方面，由于染色体从头合成既昂贵又耗时，限制了其在研究和生物技术中的应用。从天然成分构建合成染色体是一种尚未探索的替代方案，此方案有着多种潜在应用。2023 年 12 月 20 日，美国南加州大学的科研人员在《自然·通讯》杂志上报道了一种名为

CReATiNG（克隆、重编程和拼接天然基因组 DNA）的新方法，可在酵母中利用天然成分构建合成染色体。CReATiNG 需要克隆天然染色体的片段，然后以编程方式将它们组装成合成染色体，以取代细胞中的天然染色体。美国宾夕法尼亚大学的研究人员在人工染色体技术领域取得了重大进展，开发出一种简化方法构建人类人工染色体（HACs）。这一技术突破预计将加快 DNA 研究的步伐，并对基因治疗和生物技术产生深远影响，提供一种可靠的基因传递系统替代方案，扩大基因工程的应用范围。

基因组技术方面，仅包含必需基因的最小细胞可以揭示对于生命的存在和稳定至关重要的机制及过程。2023 年 7 月 5 日《自然》期刊报道，美国印第安纳大学、加州大学的研究团队发现了一个经过工程改造的最小细胞（Mycoplasma mycoides JCVI-syn3B-a）与其合成来源（非最小细胞 Mycoplasma mycoides）相比如何应对进化力量的情况，研究发现非最小版本的细胞多数优于未进化的最小版本。然而，进化了 300 天的最小细胞表现得更好，有效地恢复了由于基因组精简而失去的所有适应性。研究人员确定了在进化过程中变化最大的基因。其中一些基因参与构建细胞表面，而其他基因的功能尚不清楚。了解具有小基因组的物种如何克服进化挑战，为人们提供了寄主相关内共生体的持久性、生物技术中简化底盘的稳定性以及合成工程细胞的有针对性改进方面的关键知识。

人工智能赋能合成生物技术方面，高效的全合成可在尽可能少的步骤中将起始材料转化为复杂的靶分子。用现代计算机辅助合成规划（CASP）设计的路线的实验演示已经在药物合成中实现，但在生物碱全合成的复杂环境中相对较少使用。美国密歇根大学研究人员将百部科植物中分离出的百部酰胺（Stemoamide）作为理想的靶分子模型——

用其四个立体中心和融合环结构挑战现代 CASP，同时其在合成中具有优先地位，提供了一个强有力的比较基准——探索了一种计算策略，将 CASP 与分子图形编辑相结合，以最大限度减少总合成中的总步骤。美国加州大学伯克利分校 Ting Xu 等开发出一种全新的方法，利用人工智能合成聚合物，模拟生物流体中存在的蛋白质的复杂混合物的特性，该方法为天然和合成聚合物的混合系统打开了大门，也提出了更容易的生物相容性材料制造方法。美国伊利诺伊大学香槟分校的赵惠民团队推出了名为启用对比学习的酶注释（CLEAN）的机器学习模型，实现了高准确性、高可靠性、高灵敏度的酶功能预测。美国华盛顿大学的 David Baker 团队介绍了其最新研发的深度学习工具——RFAA 和 RFdiffusionAA[①]。这些升级版工具能够预测包括蛋白质、核酸、小分子和金属在内的完整生物分子系统，显著提升了科学家模拟和生成各类生物分子的能力。新工具的应用范围广泛，不仅可以预测蛋白质与其他分子的相互作用机制，还能设计出全新的蛋白质，用于结合或检测特定分子。

平台和工具方面，美国密歇根大学研究团队构建了生物催化氧化交叉偶联反应生成联芳基键的反应平台，利用细胞色素 P450 酶，实现酚类底物的生物催化交叉偶联反应，并进一步改造 P450 酶，提高其活性和选择性，为相关联芳基结构的合成研究提供参考。加州大学伯克利分校 Keasling 团队开发了一个模块化的合成生物工具包，用于工程化改造多细胞真菌米曲霉（Aspergillus oryzae）。该工具包由用于基因整合的 CRISPR–Cas9、中性基因座和可调启动子等组成，使用

---

① RoseTTAFold All-Atom（RFAA）是一种深度网络，其可以对包含蛋白质、小分子、核酸、金属和共价修饰的组装体进行建模；RFdiffusion All-Atom（RFdiffusionAA）是由 baker-laboratory 开源的创新性工具，用于在全原子级别上设计能够与特定小分子结合的蛋白质结构。

这些工具可以提高麦角硫因以及可食用生物质中决定风味和颜色的分子血红素在细胞内的表达水平。美国北卡罗来纳大学教堂山分校科研团队利用可编程肽 DNA 技术开发出一种能够构建功能性细胞骨架的新方法。这项技术可以根据特定的功能需求对 DNA 进行编程,从而创造出新型细胞,并能够微调细胞对外部压力源的反应。合成的细胞即使在极端、不适合人类生存的环境中也能保持稳定,这对于再生医学、药物输送系统和诊断工具的开发具有重大意义,展现了其改变生物技术和医学领域的潜力。美国科罗拉多州立大学研究者开发了一种合成的聚羟基烷酸酯(PHAs)平台,用烷基取代重复单元中的 α-氢,避免了热降解过程中的顺式消除,解决热不稳定问题,使 PHAs 可熔化加工,也赋予了 PHAs 机械韧性、固有结晶度和闭环化学可循环性,同时突破了 PHAs 商业化的三大技术瓶颈。美国伍斯特理工学院 Eric M.Young 团队通过将模块化工具包扩展到不同的细菌来进行系统的部件转移,开发了广泛宿主范围(BHR)质粒系统开源设计自动化跨学科整合研究(openCIDAR),该系统与大肠杆菌的大型模块化 CIDAR 部件集合兼容,能够用于恶臭假单胞菌、钩虫嗜铜菌和驹形杆菌等系统。美国斯坦福大学团队利用无细胞 DNA 组装和扩增、快速抗体表达等策略,成功构建了一套抗体表达及评估筛选的高效工作流程,以突破当前抗体筛选过程的局限。斯坦福大学的研究团队开发了一个计算工作流(Workflow),其作用是系统地筛选生物分子合成的衍生途径。该工作流在预测代谢工程中的反应、途径和酶方面,具有很高的价值。美国宾夕法尼亚大学研究团队设计了一种无膜细胞器,可以用于组装微米级的缩合物,将 90% 的目标货物(如酶)重新定位到无膜细胞器中,有效控制了细胞行为,包括增殖、分裂和细胞骨架形成。该研究提供了细胞行为控制的新方法,为合成生物研究提供了高效的工具。

新发现方面，美国麻省理工学院和中国农科院研究团队发现，去除解脂耶氏酵母中的番茄红素底物抑制，能够提高类胡萝卜素产量。美国麻省理工学院的 Gregory Stephanopoulos 团队与中国云南师范大学的尚轶团队合作，对解脂耶氏酵母生产萜类化合物提出了新的见解。

（二）欧洲合成生物技术创新多点突破

德国哥根廷大学研究人员发现了一种新的蛋白质开关，它能调节氧化还原过程，可能是生命各个领域的蛋白质中都普遍存在的调节元件。该研究有望为生物过程调控提供一个新的有力工具。研究者调查了一种来自人类病原体淋病奈瑟菌（Neisseriagonorhoae）的蛋白质（转醛缩酶），这种蛋白质能引起淋病，通常需用抗生素治疗。德国莱布尼茨天然产物研究与感染生物学研究所的研究人员合作，通过变形虫盘基网柄菌的工程化，实现了大麻素前体和其他聚酮类物质的生物合成。德国古腾堡大学的研究者开发出的高效多正交翻译膜类似系统，可支持多种细胞膜表面的蛋白质翻译，被认为是合成生物研究领域的重大进展。德国歌德大学有机化学与化学生物研究所联合美国密歇根大学，用氟改性聚酮类药物，为新药开发提供了一种新的方法。该研究在生物合成过程中用基因编程将氟引入复杂聚酮，将抗生素与一个额外的氟原子组合在一起，使其更有效地对抗耐药细菌。德国达姆施塔特工业大学与瑞士弗里堡大学组成的跨国科研小组，利用生物催化聚合诱导自组装（BioPISA）这一过程，创造出能够产生多种蛋白质的复杂人造细胞。

德国马克斯·普朗克化学生态研究所的研究团队揭示了植物马钱子中形成番木鳖碱（Strychnine，士的宁，又名马钱子碱）的完整生物合成途径。这一研究为利用"代谢工程"方法生产未知的植物天然产物，提供了新的可能性①。固醇类化合物是真核生物必不可少的生命物质，参与了细胞膜形成等众多生物学过程。动物生产并利用包含 27 个碳原子的胆固醇（Cholesterol）；而含有 28 个或 29 个碳原子的植物甾醇（Phytosterol）则是植物的专属。德国马克斯·普朗克海洋微生物研究所等机构的研究者发现，地中海海域中的一种小型蠕虫（Olavius algarvensis）竟然可以合成植物甾醇。研究进一步指出，合成植物甾醇在动物界可能远比预想中普遍。德国马克斯·普朗克陆地微生物研究所的 Tobias J.Erb 团队成功合成被称为 AAA 循环的"电生物模块"，这个模块能够将电能转化为生物能量载体三磷酸腺苷（ATP），为电能驱动生化反应和复杂生物过程提供了新的可能性。该研究所研究者在大肠杆菌中设计合成了高效节能的甲醛同化循环路径；同时设计并构建了一种名为"THETA 循环"的人工二氧化碳固定途径，其含有的几种中心代谢产物被作为中间体，并以中心构建乙酰基辅酶 A 作为输出，这一特性使其可以被划分为多个模块并分步整合到大肠杆菌的代谢途径中。

康普茶（Kombucha，又名红茶菌）是由光滑、凝胶状的细菌和酵母的共生培养物（SCOBY）发酵出茶和糖，使其拥有泡沫般的味道。受此启发，英国帝国理工学院的研究人员通过快速、简便的方法来生产由细菌纤维素和工程酵母制成的生物传感器材料，这种可持续材料可以用于检测病原体、降解污染物和净化水质。英国剑桥大学研究团队利用合成生物技术开发了一种人工合成酶，可精确切割冠状病毒的 RNA 链。英国布里斯托大学生物科学学院的研究者创造了一个能够从头设计合成人工酶的人工智能系统。英国约翰·英纳斯中心 Anne Osbourn 团队首次解析了稀有皂苷疫苗佐剂的生物合成途径，并通过异

---

① 丁陈君、陈芳、郑颖等：《全球生物科技发展态势分析及对我国的建议》，《世界科技研究与发展》，2022 年第 6 期。

源重构表达多种皂苷，开辟了更加可持续的皂苷合成途径，也为新型佐剂的研发奠定了基础。英国的利物浦大学和中国的华中农业大学研究团队率先在植物叶绿体内植入了微生物固碳的核心元件——羧酶体，显著提高了植物的光合效率和固碳效率。英国曼彻斯特大学 S.L.Lovelock 团队开发了一种等温生物催化方法，可在一步操作中有效生产寡核苷酸。在该过程中聚合酶和核酸内切酶协同工作，前者用修饰的核苷酸延伸模板链，后者释放产物链并重新生成模板，以扩增嵌入催化自引导模板中的互补序列。英国牛津大学 Michael J.Booth 团队报道了通过在光激活 DNA 模板上编码感兴趣的基因，利用光控制细胞内的蛋白质合成，并将该策略应用于酰基高丝氨酸内酯合酶 BjaI 的表达。英国约翰·英纳斯中心奥斯本小组的研究人员在小麦中发现一个意想不到的基因，为多功能化合物的代谢工程带来了机会，这些化合物有可能改善其营养品质和增强抗病能力。英国医学研究委员会分子生物学实验室（MRC LMB）研究者提出了一种新方法，利用生物体基因密码中不存在的化学构件，将细菌细胞重编程为合成新物质的"微型工厂"。所有天然蛋白质都是由 α-L- 氨基酸连接形成的聚合物。这项研究的突破在于对常见的大肠杆菌肠道微生物进行改造，使其基因产生其他"非天然"模块，例如 β- 氨基酸、α，α- 二取代氨基酸和 β- 羟基酸等。英国弗朗西斯克里克研究所 Markus Ralser 和帝国理工学院 Rodrigo Ledesma-Amaro 团队采用高通量表型筛选测试了营养缺陷型酿酒酵母突变体的成对组合，确定了 49 对自发形成互养的协同群落，并证明协同群落可通过交换中间产物促进生长以及可通过协同分工来提高产物产量。

丹麦哥本哈根大学 Sotirios C.Kampranis 研究团队通过基因测序技术从 700 余种微生物基因组中发现了 C16 的生物合成簇，并利用酵母合成生物学平台对其进行了分析，发现基因簇编码的合成酶可以生成 47

种不同的非典型萜类化合物。丹麦技术大学诺和诺德基金会生物可持续性研究中心高级研究员 Michael K.Jensen 和 Jie Zhang 研究团队在酿酒酵母中从头合成了鸭脚木碱（Alstonine）和蛇根碱（Serpentine）。通过将其用作原型底盘，研究者进一步探索酶混杂性并解除代谢限制，实现了 19 种卤代异育亨宾类物质基于添加卤代吲哚前体的生产和氯代鸭脚木碱的从头生产。荷兰格罗宁根大学的 Nika Sokolova 和 Kristina Haslinger 团队研发了一种创新的生物合成方法，通过"延迟共培养策略"使用大肠杆菌生产乙酸苄酯，这是一种具有茉莉香味的关键分子。该方法有效降低了副产物的浓度，同时缩短了生产时间、降低生产成本。瑞士苏黎世联邦理工学院微生物研究所 Julia Vorholt 团队成功设计并构建了一种"甲基营养型大肠杆菌"，这种细菌能够以甲醇作为底物生产多种高值化学品，为甲醇的工业规模生物生产开辟了新的路径，有助于推动实现"碳中和"目标。绿色甲醇的生物转化是实现低碳甚至负碳化学品可持续生产的有效手段。瑞士苏黎世联邦理工学院团队揭示了全球海洋微生物组的生物合成潜力，该团队的研究成果发表在 2022 年 6 月 22 日的《自然》期刊上。法国 DNAScript 公司 Adrian Horgan 团队开发了基于喷墨平台的 DNA 多重酶促合成方法，具有单碱基分辨率。法国洛林大学研究团队研发了通过模块化设计聚酮化合物合酶（Polyketidesynthases）产生精简版斯坦博霉素（Stambomycin）的方法，为抗生素模块化生物合成提供了新思路。

2023 年 11 月 9 日，顶尖学术期刊《细胞》带来了合成生物研究领域备受关注的重大进展，以封面故事形式报道了国际合作项目"酿酒酵母基因组合成计划"（Sc2.0 计划）的最新成果：一半天然、一半人工合成的酵母细胞问世。这种酵母细胞内含有 7.5 条人工合成的染色体，但其生存和复制能力与野生的酵母菌株相似，离人工再造生命体更近一步。同时，科学家们还展示了完全从头开始为酵母细胞编写设计的一条新染色体——转运 RNA（tRNA）新染色体，向创造出世界上第一个完全人工合成的真核细胞迈出新的一步。论文通讯作者、Sc2.0计划的国际协调人、英国曼彻斯特大学的蔡毅之教授指出，在工程生物学方面，这是一个激动人心的里程碑，意味着人类可以从修补少数基因到从头设计和构建整个基因组。包括这两篇论文在内，《细胞》期刊及其旗下的《分子细胞》《细胞基因组学》等子刊均发表了多篇研究论文，展示了 Sc2.0 计划的最新成果。

（三）日本和韩国在合成生物技术部分领域有所突破

日本立教大学研究人员利用迄今为止建立的最小大肠杆菌基因组菌株，成功将大肠杆菌基因组分裂成每个基因组 100 万碱基对的三个基因组。这 100 万碱基对的染色体被成功用于大肠杆菌转化，大肠杆菌仍能稳定增殖。该研究被认为是合成基因组领域的重大突破。日本大阪大学研究者通过对生产乙醇及生产 2，3- 丁二醇的酿酒酵母过表达果糖 -1，6- 二磷酸酶或 ATP 合酶，增加 ATP 消耗，显著提高乙醇和 2，3- 丁二醇的产量。美国纽约大学、中国科学院深圳先进技术研究院和日本东京工业大学共同在《分子细胞》上发表研究论文，报道了迄今为止最大的真核生物染色体 synIV 的从头合成过程，synIV 是一条 1454621-bp 的酵母染色体，由广泛的基因组精简和修饰产生。

韩国科学技术院（KAIST）的研究人员通过结合逆向生物合成和前体选择步骤，设计了首个短链伯胺的生物合成途径。短链伯胺在化学工业中具有广泛的应用。该方法为系统设计生产化学物质的生物合成途径提供了一种新的策略[1]。

---

① 吴晓燕：《研究者通过逆向生物合成扩展生物合成途径》，《天然产物研究与开发》，2021 年第 2 期。

三、国外重点合成生物企业发展情况

（一）合成生物应用多元化的阿米瑞斯公司

阿米瑞斯（Amyris）是一家成立于 2003 年的美国合成生物公司，由加州大学伯克利分校化学教授杰·基斯林及其团队共同创立。该公司通过发酵的方法和专有的 Lab-to-Market 运营平台，将研发分子应用于医药、美容、食品等多个下游领域。Amyris 已成功创造了 13 种可持续成分并实现了商业化，其中包括以甘蔗为原料生产出的法尼烯（一种生物燃料）和角鲨烷（一种高度亲肤且稳定的护肤品成分）。在发展过程中，Amyris 经历了多次业务调整。最初，公司以生产生物合成燃料乙醇和生物柴油等能源产品为主，但受到规模化生产的瓶颈制约和国际油价下跌的挑战。随后，公司转向护肤品市场，依托角鲨烷原料的生产优势，于 2017 年推出首个面向消费者的科学纯净护肤品牌 Biossance，并陆续推出多个化妆品品牌，覆盖消费者健康、美容和保健等领域。然而，在业务多元化的过程中，盈利不及预期，公司最终陷入财务困境，于 2023 年申请破产保护。

（二）拥有 DNA 合成新技术的拓维思特生物科技公司

拓维思特生物科技（Twist Bioscience）成立于 2013 年，总部位于美国旧金山，是一家合成生物和基因组领域的领军企业。该公司开发了一种基于硅基芯片的 DNA 合成平台，通过在硅基芯片上"书写"DNA，开发出制造合成 DNA 的新方法。这种技术具有高通量、高效率、高精度等特点，为医药研究、工业生产和农业生产等领域提供了高质量的合成基因和 DNA 存储解决方案。Twist Bioscience 的产品和服务广泛应用于基因组学、抗体发现、合成生物技术、基因编辑和疾病研究等多个领域。该公司凭借其独特的技术优势和广泛的市场应用，已成为合成生物领域的佼佼者。

（三）平台型合成生物公司银杏生物工程公司

银杏生物工程公司（Ginkgo Bioworks）成立于2008年，是一家全球平台型合成生物领域的龙头企业。该公司以菌株改造及自动化平台为核心，连接并集成上游技术层公司提供的硬件与工具，创建平台供下游产品层应用的客户编辑细胞。依托核心资产生物铸造厂（Foundry）和代码库（Codebase），Ginkgo Bioworks的主要业务包括生物铸造厂和生物安全两大板块。在生物铸造厂方面，Ginkgo Bioworks采用定制软件、机器人自动化、数据分析技术，根据客户需求进行细胞编程，涵盖DNA设计、编写、插入、测试等步骤。在生物安全方面，该公司提供核酸检测产品和服务，以及基因组测序和核酸疫苗生产改进服务。通过外延并购与内生增长的模式，Ginkgo Bioworks逐步成长为合成生物领域的领军企业。

（四）从事高效酶工程开发的克迪科恩公司

克迪科恩（Codexis）是一家美国合成生物公司，成立于2002年。该公司专注于开发高效的酶工程平台，利用Code Evolver技术平台开发应用广泛的蛋白质，包括用于药品商业化制造的生物催化剂、精细化学品和工业酶等。Codexis的技术在医药、化工、能源等领域得到了广泛应用，为全球客户提供了更加绿色、高效的问题解决方案。作为在合成生物领域具有深厚积累的公司，Codexis在酶工程领域具有强大的实力和市场竞争力。

（五）专注于食品添加剂的Evolva公司

Evolva[①]是一家瑞士的合成生物企业，专注于开发新型天然产物和

---

① 该公司未找到公认的中文名字，故未加中文名字注释。下文中遇到类似情形此同处理。——编者注

食品添加剂。该公司利用合成生物技术提高传统生产方法的效率和可持续性，为全球消费者提供更安全、更健康的食品选择。Evolva 的产品包括维生素、香料、甜味剂等，广泛应用于食品、饮料、保健品等领域。然而，受到融资挑战和市场环境不利的影响，Evolva 在 2023 年不得不将其业务出售给拉曼瑞士子公司丹斯达公司（Danstar Ferment AG），以确保公司及其利益相关者获得最佳结果。尽管面临挑战，但 Evolva 在食品添加剂领域的创新仍对食品产业的可持续发展产生了积极影响。

（六）专注新型生物基材料的 Zymergen 公司

Zymergen 是一家美国的合成生物创业企业，成立于 2013 年。该公司将机械自动化、机器学习和基因组学结合，设计、开发、制造和销售新型生物基材料。Zymergen 的生物制造平台在电子产品、个人护理和农业生产等领域得到了广泛应用。基于其强大的研发实力和市场拓展能力，Zymergen 在合成生物领域取得了显著成果。

（七）拥有独特气体发酵技术的朗泽科技公司

朗泽科技（Lanza Tech）是一家聚焦研发碳捕集与转化技术的全球领军企业，自 2005 年成立以来，始终致力于将工业废气转化为有价值的生物燃料和化学品。该公司凭借其特有的气体发酵技术，可从工业废气中高效捕集和转化一氧化碳及氢气，进而生产出乙醇等生物燃料和多种高价值化学品。这种创新的技术不仅有效减少了温室气体排放，降低了对环境的负面影响，还促进了资源的循环利用，为工业生产的可持续发展提供了新的途径。通过与全球多家知名企业建立战略合作关系，Lanza Tech 已成功将其领先技术应用于钢铁、水泥、炼油等多个行业，为这些行业提供了环保、高效的生产方案。

四、全球合成生物产业发展趋势预测

根据中商产业研究院发布的《2024—2029 年中国合成生物行业前景预测与投资战略规划分析报告》，2022 年全球合成生物市场规模约为 122 亿美元，同比增长 28.42%。2023 年，全球合成生物市场规模已增长至约 151 亿美元。这一显著增长主要得益于合成生物技术的不断成熟和应用领域的不断拓展。

从全球范围来看，北美、欧洲和亚太地区是全球合成生物产业的主要市场。北美地区拥有强大的科研实力和创新能力，是合成生物技术的发源地之一；欧洲地区在生物医药、农业生物技术等领域具有深厚的积累；亚太地区则凭借庞大的市场需求和人口基数，成为全球合成生物产业的重要增长极。

（一）市场规模预测

中商产业研究院预测，2024 年全球合成生物产业市场规模将达到约 190 亿美元，2026 年将进一步增长至 307 亿美元。这一预测基于当前合成生物技术的发展趋势、应用领域的拓展以及全球市场需求的增长。此外，根据深科技（Deep Tech）发布的研报数据，2021 年全球合成生物产业市场规模已达到 73.7 亿美元，年复合增长率达到 83.6%。预计到 2025 年，全球合成生物产业市场规模将突破 200 亿美元。这一数据进一步印证了全球合成生物产业市场规模快速扩张的趋势。

（二）应用领域预测

1. 医疗健康领域

医疗健康领域是合成生物产业的主要应用领域之一。随着基因编辑、合成 DNA 等技术的不断突破，合成生物技术在医疗健康领域的应用将更加广泛。例如，通过合成生物技术生产的新型疫苗、药物等将具有更高的安全性和有效性；同时，个性化医疗、精准医疗等也将成为合成生物技术在医疗健康领域的重要应用方向。预计未来几年内，医疗健康领域将成为合成生物产业的重要增长点之一。

2. 农业领域

农业领域是合成生物产业的另一个重要应用领域。通过合成生物技术培育出高产、抗病虫害作物将有助于提高农作物整体产量和质量；同时，合成生物技术还可以用于改善土壤环境、提高肥料利用率等。预计未来几年内，农业领域将成为合成生物产业发展的重点领域。

3. 能源领域

能源领域也是合成生物产业的重要应用领域。通过合成生物技术生产的生物能源具有环保、可持续等优点，将成为未来能源领域的重要发展方向。例如，利用微生物发酵技术生产的生物柴油、生物乙醇等具有广阔的市场前景。预计未来几年内，能源领域也将成为合成生物产业的重要增长点之一。

除以上三个领域外，合成生物技术在环保、材料科学、化工等领域也具有广阔的应用前景。例如，利用合成生物技术生产的生物降解材料将有助于解决环境污染问题；合成生物技术还可以用于生产新型化工原料、药物中间体等。合成生物技术在这些领域的应用拓展，将进一步推动全球合成生物产业的发展。

第三章

我国合成生物产业
走向高质量发展

一、我国合成生物产业战略导向及其支持政策分析

（一）合成生物与生物制造已成为我国重点支持领域

2017 年 1 月，国家发展改革委正式印发《"十三五"生物产业发展规划》（以下简称《规划》），明确提出要提高生物制造产业创新发展能力，推动生物基材料、生物基化学品、新型发酵产品等的规模化生产与应用。对于生物制造领域，《规划》提出要围绕生物产业发展技术支撑需求，大力推进生物制造产业创新体系建设，在原料利用、生物工具创制、生物加工过程和装备等领域开展关键技术研发；以新生物工具创制与应用为核心，构建大宗化工产品、化工聚合材料、大宗发酵产品等生物制造核心技术体系，持续提升生物基产品的经济性和市场竞争力；以生物催化剂的发现和工程化应用为核心，构建高效的工业生物催化与转化技术体系并形成重大需求。此外，2021 年 12 月发布的《"十四五"生物经济发展规划》也明确提出，要以推动生物技术和信息技术融合创新，加快发展生物医药、生物育种、生物材料、生物能源等产业，做大做强生物经济。

（二）国家层面大力推进合成生物技术研发体系构建

我国高度重视合成生物技术研发。"十二五"期间，国家重点研究发展计划（973 计划）、国家高技术研究发展计划（863 计划）从战略层面布局合成生物技术研发，并于 2018 年启动了首个国家重点研发计划"合成生物学"重点专项，重点部署"人工基因组合成与高版本底盘细胞""人工元器件与基因线路""人工细胞合成代谢与复杂生物系统"以及"使能技术体系与生物安全评估"等 4 项主要任务，涵盖了

11 个任务模块、47 个研究方向 ①。国家重点研发计划"绿色生物制造"重点专项于 2020 年启动，在工业酶创制与应用、生物制造工业菌种构建、智能生物制造过程与装备、生物制造原料利用、未来生物制造技术路线及创新产品研发、绿色生物制造产业体系构建与示范等领域部署 22 个研究方向，旨在实现揭示生物制造"芯片"核心工业酶和工业菌种的设计原理等基本科学问题、建立现代生物制造产业的支撑技术与装备体系等目标，完成绿色生物制造产业体系构建与示范任务，包括在生物基化学品的绿色生物制造与产业示范领域，部署纤维素乙醇生物炼制与产业示范、全生物合成生物聚合物的绿色制造与产业示范、生物基耐高温聚酰胺材料的绿色制造与产业示范、生物基聚氨酯多元醇的开发与产业化示范。

（三）致力于培育竞争力强的创新主体

当前，我国致力于促进研究机构和相关企业的供需协同，构建良性循环发展机制。《"十三五"生物技术创新专项规划》提出，以加快推动生物技术产业化为目标，推动建设以绿色生物制造、创新药物研发、生物医学工程为重点的若干生物技术创新中心。同时，《"十三五"生物技术创新专项规划》还提出了构建生物医药专业园集聚区、打造生物制造专业示范区的目标。对于生物制造专业示范区，将遴选 5~10 个生物制造产值超 100 亿元的优势地区，集中力量开展生物燃料、生物基大宗化学品、工业酶制剂、高值精细化学品的研发和产业化；探索重要化学品的生物合成，以及非粮生物质的开发利用；促进具有国际竞争力的绿色生物制造产业集群的发展。同时，我国也积极推进创新平台建设。《"十三五"生物技术创新专项规划》指出，依靠跨学科、大协作和

---

① 刘小玲、雷蓉：《从入选中国科学十大进展看合成生物学的发展》，《科技中国》，2022 年第 4 期。

高强度支持开展协同创新，重点发展引领产业变革的颠覆性技术，建设大型综合性研究基地；以绿色生物制造、创新药物研发以及生物医学工程为发展重点，组建生物技术创新中心，构建战略定位高端、组织运行开放、创新资源集聚、治理结构多元的技术创新综合体。

（四）生物资源保护与利用是生物经济发展的基础保障

生物资源是生物产业、现代农业和生命科学研究的源头与基础。《"十三五"生物技术创新专项规划》重点强调，要以能源补充替代和改善生态环境为目标，以废弃生物质资源为主，培育有潜力的新型生物质资源，实现多元化资源供给。《"十四五"生物经济发展规划》明确指出，生物经济以生命科学和生物技术的发展进步为动力，以保护开发利用生物资源为基础，以广泛深度融合医药、健康、农业、林业、能源、环保、材料等产业为特征。生物医药、生物农业、生物质替代应用、生物安全领域，高水平细胞制造和微生物制造、高质量农用功能型微生物或酶制剂生产、高质量生物质资源利用与生物基化学品/生物材料开发、高价值生物安全产品制造，都以生物制造为基石。同时，要积极推进生物资源保护利用，强化生物资源保护和综合开发利用能力，提高制度化、规范化、信息化水平，为医药、农业、能源、环保等领域发展提供基础保障。

（五）各地加快布局合成生物与生物制造新赛道

《上海市加快合成生物创新策源 打造高端生物制造产业集群行动方案（2023—2025 年）》（以下简称《行动方案》）明确提出，加快合成生物创新发展，打造高端生物制造产业集群。根据《行动方案》，上海计划到 2025 年建成若干具有国际影响力的合成生物创新平台，形成完整的产业链条。该方案强调产学研深度融合，支持高校、科研机构和企业开展合作，突破关键技术瓶颈。同时，加大资金投入，优化产业布局，推动生物制造产业向高端化、智能化、绿色化方向发展。

《深圳市光明区关于支持合成生物创新链产业链融合发展的若干措施》提出，要促进合成生物创新链与产业链的融合发展。支持措施包括：设立专项资金，支持合成生物创新项目；搭建产学研合作平台，促进科技成果转化；优化营商环境，吸引更多创新资源聚集。此外，光明区还加强人才培养和引进，打造高素质的合成生物人才队伍。这些措施的实施，有助于推动合成生物产业在光明区形成集群效应，实现高质量发展。

《石家庄市生物制造产业发展行动计划（2023—2025年）》（以下简称《行动计划》）提出，到2025年，石家庄市生物制造产业总产值要超过1500亿元，形成一批具有国际竞争力的企业和品牌。根据《行动计划》，石家庄市将打造生物制造高能级创新平台，加快培育生物制造前沿产业，推动园区基地发展提质增效。同时，《行动计划》还强调促进生物制造成果转化，加快产品示范应用，以及加快培育"专精特新"企业、"隐形冠军"企业和上市公司等。

《中国（天津）生物制造谷发展规划（2021—2025年）》（以下简称《发展规划》）提出，将天津打造成为国际领先的生物制造谷。《发展规划》明确指出，到2025年，生物制造产业总产值要实现快速增长，形成一批具有国际竞争力的企业和品牌。为实现这一目标，天津将重点发展生物医药、生物农业、生物环保等领域，并加大对生物制造企业的支持力度，包括提供财政补贴、税收优惠等政策措施。同时，《发展规划》还强调了创新能力的提升，支持企业开展核心技术研发，推动产学研深度融合。此外，《发展规划》还提出加强基础设施建设、优化产业布局等具体措施，以确保生物制造谷的顺利发展。

常州市发布《关于推进合成生物产业高质量发展的实施意见》（以下简称《实施意见》），强调构建创新体系，促进合成生物技术在多领域应用。通过建设研发平台、培育企业、完善产业链等措施，实现产业发展目标。同时，《实施意见》提出加强科技创新、优化产业布局、加大财政支持力度、强化市场监管等支持措施，确保合成生物产业健康发展，为经济增长注入新动力。在此基础上，常州市进一步出台《常州市关于支持合成生物产业高质量发展的若干措施》，其内容包括加大财政扶持力度、优化营商环境、加强人才引进与培养、推动科技创新、加强市场监管等。这些措施旨在为企业提供全方位支持，激发产业创新活力，推动合成生物产业向高端化、智能化、绿色化方向发展，为经济高质量发展贡献力量。

杭州市发布《关于支持合成生物产业高质量发展的若干措施》（以下简称《支持措施》），支持合成生物产业高质量发展。《支持措施》涵盖设立专项资金、加强科技创新平台建设、优化产业布局、引进与培养人才、加强知识产权保护等方面。通过实施这些措施，杭州将打造具有国际竞争力的合成生物产业集群，为经济发展注入新动能，同时加强与其他地区的合作与交流，共同推动合成生物产业发展。

二、我国合成生物产业培育整体取得较大进展

（一）合成生物核心技术加快突破，创新平台不断完善

1. 核心技术不断突破

在新型基因编辑器、酶蛋白理性设计、高通量筛选等底层生物技术，以及细胞工厂创制、多酶分子机器构建、生物过程智能控制等核心技术方面，我国均取得了重要进展和突破，构建了氨基酸、有机酸、抗生素、维生素等现代发酵产品，以及大宗化学品、医药中间体、精细化学品等领域近百种细胞工厂，有力支撑了生物制造产业的发展。例如，我国科学家将维生素 B_{12} 的合成途径划分成 5 个模块，采用"自下而上"

的策略，将 5 种微生物中的 28 个基因在大肠杆菌细胞中成功组装、调控，解决了多基因的适配机制问题，形成了集成不同来源基因组、从头设计的人工途径，最终实现了维生素 B_{12} 的从头合成。这是继微生物合成青蒿素、阿片类药物之后，合成生物领域的又一重大进展，展示了合成生物技术在复杂化合物制造方面的巨大潜力。

2. 新兴技术加速布局

我国已加快在天然产物微生物重组合成、二氧化碳生物转化利用等前沿方向的战略布局和技术开发。在复杂天然化合物的生物合成领域，相关研究机构将功能组分的生物合成元件组装、编辑到微生物细胞中，构建出可在发酵罐中制造天然产物的微生物新菌株，打通了人参皂苷、番茄红素、胡萝卜素、天麻素、灯盏花素、丹参新酮、β- 榄香烯、香紫苏醇等一批药用植物、经济植物产品的生物制造路线，生产效率大幅提升。以人参皂苷、番茄红素、天麻素等为例，上千平方米发酵车间的合成能力相当于万亩农业种植产量，质量可完全替代化学合成。在新的工业原料路线方面，我国科学家从头设计构建了非自然的人工固碳与淀粉合成途径，在国际上首次实现在实验室完成二氧化碳到淀粉的人工从头全合成，能量利用效率和碳固定速率超越玉米淀粉合成途径，突破了自然光合作用局限，为以二氧化碳为原料合成复杂分子开辟了新的方向。

3. 科技创新平台不断完善

近年来，我国工业生物技术领域的创新基地建设加快推进。截至"十三五"末期，生物制造业领域已建成 6 个国家重点实验室、5 个企业国家重点实验室、3 个国家工程实验室、5 个国家工程研究中心、1 个国家技术创新中心、2 个国家工程技术研究中心，以及 22 家国家企业技术中心、15 家行业技术开发监测中心等，形成了从微生物资源发现、代谢调控、酶工程、生化工程、生物反应器到生物工艺的布局，涉及生物质利用、粮食发酵、食品加工、乳制品、生物基材料、生物医药、生物农药、生物饲料、啤酒发酵等领域，成为工业生物技术创新、提升产业发展水平和竞争能力的重要支撑。

（二）形成以科研院所和高校为主体的合成生物科研体系

中国科学院合成生物学重点实验室依托中国科学院分子植物科学卓越创新中心建立，是国内第一个合成生物学实验室，其定位为合成生物学应用基础研究；研究方向包括合成生物学理论与方法学基础研究、合成生物学使能技术创新与工程化、合成生物学创制链的培育与发展三个方面，面向学科前沿领域，创新合成生物学理论与技术，建立并发展关键使能技术的工程化平台，建立生物元器件库，推动标准化。中国科学院合成生物学重点实验室针对资源、医药、制造和环境等国家重点关注领域，积极组织攻关项目，实现重要生物产品的关键突破，并通过各种转化途径，加强研究成果的扩大升级，实现产业化。中国科学院研究员覃重军及其团队在国际上首次人工创建了自然界中本不存在的简单生命——仅含单条染色体的酵母真核细胞。该团队还在真核模型生物酿酒酵母中开发了一种 CRISPR-Cas9 基因编辑技术，能够有效促进染色体融合，为染色体生物学研究提供宝贵的生物模型。中国科学院的另一位研究员王勇及其团队已有天然甜味剂甜菊糖稀有组分 RebD、RebM、甜茶素、新兽药及饲料添加剂黄芩素、新型糖尿病药物 a- 糖苷酶抑制剂 I-1 等多项合成生物原创性产品进入产业化阶段。

中国科学院天津工业生物技术研究所（以下简称天津工业生物所）围绕"以可再生碳资源替代化石资源、以清洁生物加工方式替代传统化学加工方式、以现代生物技术提升产业水平"三大战略主题，重点开展"工业蛋白质科学与生物催化工程、合成生物学与微生物制造工程、生物系统与生物工艺工程"三个领域的基础研究和应用基础研究。天津工业生物所研究员马延和带领团队从头设计构建了非自然的人工固碳与淀粉合成途径，为国际上首次在实验室实现二氧化碳到淀粉的人工从头全合成。马延和团队开发了人工转化二氧化碳从头精准合成糖技术，精准控制合成不同结构与功能的己糖，建立了可进一步延伸糖产物种类和构型的生物系统，可实现人工创造糖分子多样性。目前，天津工业生物所建有工业酶国家工程研究中心、京津冀食品营养健康与安全创新平台、中国合成生物产业知识产权运营中心、生物技术国家专业化众创空间等创新平台，并正在牵头建设国家合成生物技术创新中心，组建低碳合成工程生物学重点实验室。

中国科学院深圳先进技术研究院聚焦对人工生命体系的理解，致力于重塑与扩展这一重大科学挑战，开展合成生物学基本原理、共性方法和医学转化应用研究。该研究院合成生物学研究所设置定量合成生物学、合成基因组学、合成微生物组学、材料合成生物学、合成生物关键设备、农业和植物合成生物学、合成生物化学、合成免疫学等研究中心。合成生物学研究所研究员罗小舟在酿酒酵母中重构茉莉素的生物合成途径，建立微生物细胞工厂以实现高效和绿色生产，为茉莉素在农业及化妆品行业的规模化应用铺平道路。合成生物学研究所高翔课题组利用实际工业废水规模化合成半导体材料－细菌杂合体，实现光能驱动污染物到化学品的高值转化，创建一条污染物基光驱生物制造路线，为化学品的可持续生产提供新的重点方向；在酿酒酵母中成功构建细胞色素 P450 氧化酶（CYP）及其还原酶（CPR）的氧化网络，实现特定三萜皂苷 quillaic acid（QA）的高效生物合成。

天津大学合成生物技术国际科技合作基地依托系统生物工程教育部重点实验室、生物化工国家重点学科和"合成生物技术"重大 863

项目，着重开展合成基因组学（微生物基因组设计合成、动物人工染色体设计合成、基因组进化等）、人工细胞工厂（天然产物细胞工厂、光电驱动细胞工厂、新型底盘开发等）以及合成生物学新理论与新技术（DNA 组装技术、DNA 存储计算、合成生物学智能化自动化等）的科学问题研究。天津大学合成生物技术国际科技合作基地围绕合成生物技术国际前沿，开发新技术和新方法，针对重要的能源和医药产品进行从元件、模块到人工生物体系的研究，包括人工设计、构建、组装和多层次的适配等。天津大学元英进研究团队发表合成基因组方向研究成果，该研究通过人工基因组重排技术，创制了超过 26 万种人工染色体重排的酵母种质资源库，解析基因组重排规律，为高效定向培养微生物菌株奠定了基础。该团队建立了一种可解释的机器学习框架，该框架可以预测和量化染色体的合成难度，可为优化染色体设计和合成过程提供指导。赵广荣团队开发了一个综合的生物合成基因簇（BGC）挖掘策略，工程化生产 L- 高苯丙氨酸，生产率为 1.41g/L。

清华大学合成与系统生物学中心整合了清华大学生命学院、医学院、药学院、化工系、化学系、自动化系和清华长庚医院的资源，以产生一批影响世界的工业生物技术和生物医学成果及孕育在合成生物学领域有影响力的生物技术公司为使命。陈国强团队首次发展了嗜盐菌底盘，通过工程化改造，形成了"下一代工业生物技术"（NGIB），可用于生产多种聚羟基脂肪酸酯(PHA)生物材料以及各种小分子，大幅降低了过程放大的难度，技术成果已在微构工场等企业应用。于慧敏团队建立了红球菌生物制造与蛋白合成技术平台，开创了高活性微生物类脂生物制造技术，开发了工业、农业、医药、日化、石油开采等领域的新产品。李春团队研发了微生物细胞工厂制造植物天然产物技术，创建了工业智能抗逆底盘细胞技术平台，完成了甘草次酸等 100

多种化合物的微生物合成。张翀提出了基因型－表型关联数据驱动的微生物细胞工厂设计策略，开发了"特征—性能—过程三段论齐步走"的液滴微流控超高通量筛选系列科学仪器。戈钧揭示了酶与金属催化剂高效协同作用机制，开发了酶－金属复合催化剂规模化制备技术，并实现了在药物中间体和新材料领域的工业应用。陈振和刘德华团队开发了基于非天然生物合成途径生产生物基二元醇的新技术路线，实现了从多种廉价原料到 1，3－丙二醇等化学品的绿色生物制造。该中心已孵化出 10 个初创合成生物公司，估值超过 100 亿元。

西湖大学合成生物学与生物智造中心（WE-SynBio）以工学院为依托，联合生命学院和理学院共同建设，旨在结合生命科学、生物工程、材料科学、绿色化学与人工智能等，开展交叉学科基础研究，致力于开发前沿合成生物学方法、具有重大影响的生物产品及原创的高效生物智造过程。该中心聚焦新一代生物药物、生物材料以及基于二氧化碳和太阳能的大规模绿色生物制造核心技术，将打造生物与信息技术融合（BT-IT）的合成生物学基础研究平台；联合由西湖大学领衔的（浙江）全省智能低碳生物合成重点实验室，开发新能源—低碳—智能化一体的新一代合成生物学技术平台、微小型放大及高效生物制造系统，以合作研究开发形式向校内外开放，为企业提供技术和产品开发。该校的曾安平团队创建了一条全新的细胞外化学催化与生物催化有机整合的高效固碳路线和工艺过程，成功实现了不需要添加能量辅因子 ATP 和还原力辅因子 NAD（P）H 的二氧化碳及甲醇双碳生物利用。该团队前期开发了原创的一体化（All-in-One）电极及生物反应器，用于原位电驱动生物合成，成功应用于二元醇、脂肪酸生物合成及二氧化碳生物转化，丙二醇生物合成实现工业化万吨量产。李小波团队首次报道了叶绿素 c 合成酶编码基因及其作用机制，挖掘了叶绿素 c 的生理功能，讨论了该基因的演化形成与转移，为海洋藻类捕光机制的合成生物技术应用打开了一扇门。

南昌大学食品科学与资源挖掘全国重点实验室依托食品学院，着重开展食品配料与添加剂的生物制造和食品安全性检测与控制方面的研究。该机构围绕食品配料与添加剂生物制造过程特点，研究菌种筛选与构建技术、发酵过程优化与控制技术以及生物催化与生物转化技术；围绕食品中病原微生物的控制机制、食品中各类生物以及化学污染的控制、食品安全检测新技术与新方法等方面展开研究。南昌大学食品科学与资源挖掘全国重点实验室副研究员聂启兴与北京大学等高校科研人员合作，在《细胞》上发表题为《肠道共生菌通过次级胆汁酸生物合成途径缓解代谢相关脂肪性肝炎》的研究论文。该研究团队基于胆酸炔基探针与肠道菌群孵育的代谢转化方式，结合点击化学以及含有叠氮基的 ACER resin 富集手段，获得了高浓度的胆酸探针代谢衍生物。该团队研究人员进一步通过胆酸探针点击化学反应产物在非靶代谢组中特异性的特征峰（m/z100.0761）以及子离子相似性快速定位新型的胆酸修饰方式，发现了一系列酰基化的菌源胆汁酸（甲酰化、乙酰化、丙酰化、丁酰化、乙醇酰化、丙二酰化，以及琥珀酰化）。通过发酵产物分离与有机合成，结合生物样本检测，该研究团队最终发现琥珀酰化胆酸（3-sucCA）广泛存在于生物样本，并且与代谢相关脂肪性肝炎（MASH）进程呈显著的负相关性。

江南大学未来食品科学中心发挥"轻工技术与工程"和"食品科学与工程"两个国家一流学科的科技优势，以食品合成生物学、食品组学与大数据技术、食品感知科学、食品风险甄别与安全评价等交叉学科领域为研究重点，实现食品组分代谢与营养健康靶向调控技术、细胞与微生物种质资源挖掘改造与工程化技术、食品分子重组重构等关键技术的重点突破，我国由此成为第一个有能力生产全部类型透明质酸的国家。该研究团队开展技术攻关，用细胞工厂生产"万物"，大幅降低了原材料成本，使很多化妆品原料不再依赖于传统的动植物提取方式。该团队科研人员扎根基础研究，钻研高精尖技术，承担了数十项国家重大核心攻关工程、973计划等项目，开发多样化细胞调控元件，构建高性能底盘细胞。除化妆品原料外，团队还开发出近百种功能营养品原料的高效、低成本生物制造技术。该团队采用代谢工程手段，优化了梭菌属细菌的代谢途径，使其能够高效地发酵生产丁醇。这种方法不仅提高了丁醇的产量，还降低了生产成本，有望在工业生产中得到广泛应用。江南大学积极与国内外企业和研究机构合作，推动合成生物技术的产业化应用。例如，与生物制药公司合作，开发新的药物生产工艺；与化工企业合作，进行绿色化学品的合成；与环保部门合作，推广环境治理技术等。

上海交通大学依托生命科学技术学院、农业与生物学院、张江高等研究院分别开展合成生物技术在生命科学领域、农业领域和生物工程领域应用的研究工作，推动高效生物合成平台建设，即建设基因编辑与组装子平台、生物功能筛选子平台和发酵优化子平台三个子平台，支撑开展药物分子的生物合成、精细化学品的生物合成、生物材料的生物合成、微生物菌群的人工构建、功能分子规模化创制等相关研究。上海交通大学的陶飞、许平研究团队通过使用一种新策略（结合钠弧菌、嗜热酶和高温全细胞催化），解决了全细胞催化在食品工业生产应用中存在的问题，可用于高效生产Neu5Ac，为未来食品行业相关化学品的生产提供了广泛适用的新思路。

中国农业科学院合成生物学研究中心面向农业合成生物技术应用基础研究发展前沿，以组学大数据为依托，以大团队体制为保障，瞄准合成育种和植物次级代谢产物研究的发展趋势，着重于多组学分子网络的大数据挖掘与利用和重要代谢小分子的代谢途径解析与改造，推动全基因组设计育种和组学大数据驱动的植物底盘生物人工设计，力求建设成为达到国际水准的现代农业新型育种研究中心和领先的大数据驱动天然产物研发中心。以组学大数据为驱动，通过对作物农艺性状基因的通路和调控网络研究，结合分子互作网络模块的优化设计，采用全基因组设计，以优良农艺性状或代谢物含量为优化目标，建立精准定向育种平台，加速高产、优质新品种培育。目前，该研究中心通过基因编辑技术培育出第一代二倍体马铃薯自交系——"优薯 1 号"。"优薯 1 号"在生长活力和产量上表现出较强的杂交优势。这项研究使马铃薯育种从缓慢、非累积的模式转变为快速的迭代模式，对供应端和消费端都有极大的益处。该研究中心还通过建立功能多组学驱动的植物次生代谢产物解析和设计体系，挖掘重要农艺性状、探索功能小分子相关路径和调控网络，结合全基因组编辑和人工合成染色体技术，建立基于植物底盘生物的合成代谢构建系统，实现植物资源的开发和产业化，具有重要的社会和经济意义。目前，中国农业科学院合成生物学研究中心已成功解码珍稀抗癌植物红豆杉高质量基因组，揭示紫杉醇生物合成遗传基础，为加快紫杉醇异源合成底盘的设计和开发，以及下一步制定绿色环保、可持续生产的紫杉醇生物合成策略奠定关键基础。组学区块链以分子图谱和大数据为基础，是我国农业食品产业的底层技术，其应用实现了农业食品的全息表征和精确溯源，为农业食品产业链提供信誉标准，为个性化食品提供数据平台，为农业食品供应链"三品合一"的变革提供操作系统。

（三）涌现一批领先的合成生物发酵产业集群

1. 生物发酵产业形成规模优势

传统发酵食品是我国饮食文化的重要载体，是极具中华文明特色的民生产业。传统发酵产品有很多，如白酒、黄酒等酒类，酱油、料酒、食醋、酱等调味品。2018 年我国传统发酵产业总产值达 1.5 万亿元，已成为轻工制造业的重要组成部分。"十二五"以来，我国现代生物发酵产业快速发展，主要产品的产量由 2010 年的 1840 万吨增长至 2020 年的 3141.3 万吨，年均复合增长率为 5.5%，产值也由 1990 亿元增长到 2496.8 亿元，形成了以谷氨酸盐、赖氨酸盐、苏氨酸、柠檬酸、结晶葡萄糖、麦芽糖浆、果葡糖浆、酵母等大宗产品为主体，小品种氨基酸、功能糖醇、低聚糖、微生物多糖等高附加值产品为补充的多产品协调发展的产业格局，其中氨基酸、有机酸的产量居世界首位，淀粉糖产量居世界第二位。我国发酵产业总体保持稳定发展的态势，同时也呈现产能集中度不断增强的特点和以原料主产区为核心的发展格局。如谷氨酸产能前十位企业的产量之和占总产量的 90% 以上，柠檬酸产能前六位企业的产量之和占总产量的比重超过 97%，年产值达到百亿元以上的大型产业集团已有 5 家。

2. 部分重大化工产品生物制造率先实现产业化

我国重大化工产品的绿色生物制造技术不断取得突破，构建了丁二酸、丙氨酸、D- 乳酸、苹果酸、生物柴油、甾体激素类药物、羟脯氨酸、肌醇等近 20 种原料药、中间体、精细化学品的生物制造路线，部分产品率先实现产业化，经济效益显著。我国在国际上率先建设了 L- 丙氨酸生物制造万吨级生产线，相比原化工生产工艺，每吨产品减少 0.5 吨二氧化碳排放量，生产成本降低 40% 以上，生产企业占据了全球市场份额的 60% 以上。我国建成国际首条体外多酶体系合成肌醇路线，与传统路线相比，高磷废水排放量减少 90%，化学需氧量（COD）减少 50% 以上，成本降低 50% 以上。

3. 涌现出一批代表性产业集群

上海在关键核心技术领域和下游应用端的技术创新呈明显上升势头。围绕天然产物合成、新型生物基材料、化妆品功能性原料、合成食用蛋白、新型能源、环境污染物生物修复等细分领域，上海正在建设高能级生物铸造厂。在重大科技基础设施集群方面，已有上海光源、国家蛋白质中心、转化医学设施等大科学装置。上海具备集聚产业链企业的优势，凯赛生物聚酰胺系列产品具备全产业链竞争优势；金山区依托上海化工区和上海石化两大基地的上游产业链，形成以华峰超纤、凯鑫森等企业为龙头的产业集群。河南省濮阳市南乐县生物基材料产业集群于 2014 年 10 月获国家发展改革委、财政部批复，为全国两家之一、全省唯一重点扶持的生物基材料示范性产业集群。该产业集群招引培育了 16 家企业共落地 18 个项目，年产能达到 80 万吨。目前，南乐县聚焦原材料加工、化工材料研发、终端产品制造三个环节，培育了全国唯一一条以玉米秸秆或淀粉为原料的生物基可降解材料完整产业链，并形成以 PLA（聚乳酸）为主，木糖、糠醛为辅的 3 条产业链。未来，南乐县还将向新型降解聚酯材料与制品开发、生物基甲醇绿色合成等高新领域发起冲锋。在技术创新平台方面，河南省生物基化学品绿色制造重点实验室、生物基材料改性复合研发中心等研发机构相继落地南乐县，在生物基材料研发、产品检测等方面形成技术优势。此外，宏业集团与河南省科学院合作，组建了省级生物基材料中试基地，实现了省级中试基地零的突破。河北省生物材料、生物能源、生物肥料等产业加快发展，生物制造产业体系初步形成。2022 年，河北省 119 家生物制造规上企业实现营业收入 1090.9 亿元。在创新能力建设方面，国家工程研究中心、国家重点实验室等创新平台支撑产业高质量发展，临床试验药品数量超过 300 个。在市场主体培育方面，石药集团、华北制药、以岭药业、石家庄四药、神威药业 5 家企业连续 5 年进入国家医药工业百强行列。在特色产业集群发展方面，山海关生物制造产业园等一批基地和园区建设步伐加快，产业集聚能力不断增强。

三、我国合成生物产业布局呈现明显区域梯度态势

我国合成生物产业发展呈现出明显的区域梯度态势，体现在产业布局、科技实力、产业规模、国际化程度等多个维度上，长三角、粤港澳大湾区和环渤海区域已呈现集聚发展格局。在科技实力和产业规模方面，北京、上海、江苏、深圳、天津等地处于产业发展的第一梯队，拥有较为完备的合成生物产业体系，初步建立了从基础研究到应用开发、从人才培养到产业孵化的完整产业链条。同时，这些地区汇聚了大量国内外顶尖科研机构和高校，拥有扎实的科研基础，为合成生物产业的发展提供了强有力的智力支撑。此外，这些地区还具有较高的国际化程度，便于开展国际合作与交流，并能够吸引大量国际人才和资本的流入，有利于合成生物产业向更高水平发展。

山东、安徽、川渝等地区合成生物产业虽然起步较晚，但已启动了产业体系构建，形成了我国合成生物产业发展的第二梯队。在借鉴先发地区经验的基础上，这些地区结合本地实际情况和特色优势，积极探索适合自身的合成生物产业发展路径，通过加强基础设施建设、优化营商环境、创新发展模式，吸引了一批具有创新能力的企业和团队入驻，合成生物产业发展进入快车道。

（一）天津市：科创资源丰富、工业底蕴深厚

天津是国内重要的生物产业基地之一，拥有丰富的科教创新资源

和深厚的工业底蕴，是国内工业门类最齐全的城市之一，在医药、化工、材料、农业、能源、环保等领域拥有一批知名企业。

1. 支持政策

生物医药产业是天津打造"1+3+4"现代工业产业体系的重点之一，近年来天津市全力推动实施"制造业立市"战略，各部门围绕生物产业发展，相继发布多项规划方案和支持政策（文件）（见表3-1），为生物医药产业发展保驾护航。

表3-1 天津市生物技术相关产业政策（文件）发布情况

发文年份	政策（文件）名称	发布机构	政策（文件）要旨
2018	《天津市生物医药产业发展三年行动计划（2018—2020年）》	天津市人民政府办公厅	立足全国先进制造研发基地的定位，巩固化学药和中药产业优势，加快发展生物制药和医疗器械新兴产业，大力发展健康产业，全面推动天津市生物医药产业高质量发展
2019	《关于进一步支持天津生物医药产业高质量发展的若干意见》	天津市市场监管委、市药监局、市知识产权局	积极承接北京非首都功能疏解，吸引创新型、龙头型、互补型医疗器械生产企业落户天津，对满足生产条件和产品安全性底线要求的，直接采信北京许可结论、直接发证，最大限度简化审批等10类支持政策
2019	《滨海新区细胞产业技术创新行动方案》	天津滨海新区人民政府	聚集全球细胞产业高端创新资源，打造京津冀特色"细胞谷"，进一步促进滨海新区细胞与基因技术创新发展，支持细胞治疗、基因诊疗、基因编辑、疫苗、抗体、核酸药物、新型蛋白药物等创新药物，推进高端医疗器械和生物新技术的研发和产业化
2021	《天津市制造强市建设三年行动计划（2021—2023年）》	天津市工业和信息化局	瞄准全国先进制造研发基地功能定位，坚持制造业立市，以智能科技产业为引领，着力壮大生物医药、新能源、新材料等战略性新兴产业

续表

发文年份	政策（文件）名称	发布机构	政策（文件）要旨
2021	《天津市产业链高质量发展三年行动方案（2021—2023年）》	天津市工业和信息化局	以产业链为抓手，集中攻坚信息技术应用创新、集成电路、车联网、生物医药、新能源、新材料、高端装备、汽车和新能源汽车、绿色石化、航空航天10条产业链，全面实施"链长制"
2021	《关于印发天津市生物医药产业发展"十四五"专项规划的通知》	天津市工业和信息化局	目标到"十四五"末期，实现生物医药产业综合竞争力国内领先，成为技术水平国际先进的生物医药标（标志性领军）企业聚集培育中心，集高端化、高质化、高新化、集群化为一体的生物医药应用场景创新示范中心，智能科技与生物医药产业高度融合、相互支撑的生物医药产业智能发展中心
2021	《关于金融支持天津市重点产业链高质量发展的若干措施》	天津市金融局、市工业和信息化局、市发展改革委、市科技局、人民银行天津分行、天津银保监局、天津证监局	推出强化多元化融资服务、强化精准化对接服务、强化专业化模式创新、强化考核监测4大方面16项具体措施。针对天津市重点产业链成立服务小组，加快为重点产业链量身定制金融服务方案
2022	《关于加强科技人才队伍建设支撑高质量发展的若干措施》	天津市科技局	明确10方面具体举措，围绕"制造业立市"打造产业科技人才等
2022	《关于支持北辰京津医药谷建设和产业发展的若干政策措施》	天津市发展改革委、北辰区人民政府、市科技局、市工业和信息化局、市财政局、市规划资源局、市商务局、市卫健委、市医保局、市药监局	支持北辰打造国内一流的生物医药研发制造和中医药现代化产业集聚区，聚焦现代中药、创新化学药、改良仿制药、高端医疗器械、生物制品、医疗美容、医养健康等细分领域，给予政策和资金支持

续表

发文年份	政策（文件）名称	发布机构	政策（文件）要旨
2022	《天津滨海高新区关于促进生物医药产业高质量发展的鼓励办法》	天津滨海高新技术开发区	从产品研发及产业化、科创企业孵化、产业发展壮大、平台和机构发展、专业投资机构、行业标准和认证、产业生态营造等方面支持生物医药产业全链条发展，通过打造有竞争力的产业引育政策体系，塑造生物医药产业高质量发展生态
2022	《天津滨海高新区关于促进细胞和基因治疗产业高质量发展的鼓励办法》	天津滨海高新技术开发区	加快打造京津冀特色"细胞谷"试验区，大力发展基因、干细胞、免疫细胞等领域
2022	《天津港保税区先进制造业高质量发展的若干政策（试行）》	天津港保税区	对生物制造、氢能、海洋经济、智能科技、民用航空等产业的特色环节给予重点支持，加快特色产业发展
2023	《天津市基因和细胞产业促进条例》	天津市人民代表大会常务委员会	促进基因和细胞技术及产品在医学上的研究、应用和产业化制定的规范条例

资料来源：作者整理

2019年启动实施的"天津市合成生物技术创新能力提升行动"专项是天津市培育合成生物赛道的重要举措之一。该专项提出5年围绕天津市及国家经济社会发展的重大需求，聚焦生物产业"卡脖子"问题，坚持前瞻布局、产业导向，创新机制体制，集聚领域高端人才，全面提升天津市和国家合成生物技术创新能力，推动合成生物产业自主创新发展。为支持国家合成生物技术创新中心发展，结合深化"放管服"改革要求，天津市特别制定了《国家合成生物技术创新中心财政科研项目资金管理暂行办法》，建立以信任为前提的科研管理机制，创新项目管理机制和财政经费管理机制，赋予国家合成生物技术创新中心和科研人员项目组织自主权、技术路线决策权、财政经费管理自主权。项目负责人可以根据项目需要自主组建科研团队,可结合项目实施进展情况自主调整研究方案和技术路线。在科研经费使用上,扩大项目承担单位或科研团队预算调剂权限,对于同外单位合作开展的科研项目或外包项目执行财政经费异地拨付政策。这一政策的实施极大激发了科研人员创新活力,促进合成生物科技成果的快速产出。这一系列政策与举措受到科技部、财政部的一致认可和表扬,被作为典型案例宣传推广。

2021年,国家干细胞产品产业化基地获批建设自贸区联动创新示范基地(细胞与基因治疗),已开展3个项目,分别围绕儿童、成人难以治疗的白血病以及干细胞移植后副反应方面探索细胞治疗新路径,在风险可控条件下开展基因与细胞治疗领域改革试点,对标国际通行做法和标准,率先尝试基因与细胞治疗"风险分级、准入分类"管理。2022年,《中国(天津)自由贸易试验区条例》修订,将临床急需少量药品绿色通道试点、细胞治疗试点用法条加以固化。2023年3月,由天津工业生物所牵头,天津科技大学、合成生物学海河实验室等作为联合单位共同申请建设的京津冀食品营养健康与安全创新平台获得国家卫健委批复,成为区域性营养创新平台建设试点,将建成新食品原料、食品添加剂新品种和食品相关产品新品种的安全风险评估试点机构,推动设立合成生物制造食品分类备案(清单制)、审批先行和生产示范区。2023年,滨海新区发布《滨海新区培育新赛道 打造未来产业创新高地行动方案》,聚焦生物制造、细胞和基因治疗、脑科学与智能医学、先进能源、新型材料等重点领域打造未来产业创新高地。其中,在生物制造方面提出打造"智能化机器学习设计—自动化合成装配—高通量定量分析测试"为闭环的工程化合成生物创制基础设施平台,突破化学品绿色生物制造、天然产物微生物重组合成、未来食品生物制造、益生菌定向选育与高活性制备、二氧化碳生物转化利用、绿色化学制药技术等产业关键技术，推进其在医药、化工、食品、材料、农业等领域应用转化。

2. 科技创新

天津市生物技术领域科研院所与创新平台资源较为丰富，依托南开大学、天津大学、天津医科大学、河北工业大学、天津中医药大学、天津工业大学、天津科技大学、天津师范大学等高校，建有生命科学 / 生物工程（或同类）学院 9 个、临床医学院 2 个、药学院 2 个，建有交叉学科领域的化学（化工）、材料科学、食品科学、环境科学、海洋科学、动物科学等学院共计 21 个[①]，拥有天津工业生物所、中国医学科学院血液学研究所、生物医学工程研究所、放射医学研究所等驻津科研院所，以及天津药物研究院、天津国际生物医药联合研究院等具有较强实力的地方科研院所。

天津是我国合成生物产业的重要科研地区。依托天津工业生物所、天津大学、天津科技大学等科研机构，天津市构建起国家合成生物技术创新中心、合成生物学前沿科学中心、工业酶国家工程实验室、氨基酸高效绿色制造国家地方联合共建工程实验室等以国家级创新平台为节点的合成生物技术创新支撑体系。2019 年 11 月，科技部批复支持中国科学院和天津市政府共同建设国家合成生物技术创新中心，该中心是我国推动生物经济布局的重大科技基础研究平台。该中心由天津工业生物所牵头建设，全国 20 个省份的 50 多家领域优势高校院所参与。该中心积极联合国外优势机构开展产学研深度合作，建设国

---

① 吴崇明、张拓宇、刘琦等：《天津生物技术及相关产业发展态势分析及建议》，《中国生物工程杂志》，2023 年第 5 期。

际联合中心，先后与南方科技促进可持续发展委员会（COMSATS）、比利时弗兰德生物技术研究院（VIB）、德国亚琛工业大学（RWTH Aachen）分别共建COMSATS工业生物技术联合中心（中巴中心）、TIB-VIB合成生物学联合中心（中比中心）及TIB-RWTH生物技术联合中心（中德中心）。COMSATS工业生物技术联合中心入选联合国南南合作优秀案例，由联合国南南合作办公室（UNOSSC）在联合国南南合作日和全球南南发展博览会召开之际发布在《南南合作与三方合作实现可持续发展优秀案例汇编（第四卷）》中进行推介。

在合成生物相关学科领域，天津市科研院所发文质量较高，篇均被引次数大多高于全国平均水平（见表3-2）。在相关领域申请专利方面，天津市科研院所排在前5位的分别为天津大学、天津科技大学、南开大学、天津工业生物所、天津中医药大学。

表3-2 天津市重点科研机构*合成生物相关学科论文被引用情况

学科领域	全国平均被引次数	篇均被引次数
生物学与生物化学	15.12	南开大学（18.98）；天津大学（20.39）；天津工业生物所（18.77）；天津科技大学（15.54）；天津医科大学（13.59）
分子生物学与遗传学	18.93	南开大学（25.97）；天津医科大学（23.93）
微生物学	14.11	南开大学（13.42）
化学	18.9	南开大学（27.37）；天津理工大学（23.73）；天津大学（21.84）；天津工业大学（16.43）；天津师范大学（15.99）；天津医科大学（14.67）；天津科技大学（14.95）；河北工业大学（13.17）
计算机科学	10.81	南开大学（13.94）；天津大学（13.37）；天津理工大学（13.94）

注：* 只统计了学科排名进入全球前1%的天津市重点科研机构
数据来源：作者整理

　　依托上述国家战略科技力量，天津在合成生物学前沿领域涌现出多项顶尖成果。2017 年，天津大学联合清华大学、深圳华大基因股份有限公司在《自然》期刊以封面形式发表研究成果，该项研究突破了长染色体分级组装等关键核心技术，完成 4 条真核生物酿酒酵母染色体的从头设计与化学合成，入选"2017 年度中国科学十大进展"。2021 年，天津工业生物所在《自然》期刊上发表淀粉人工合成方面取得的原创性突破成果，这是国际上首次实现二氧化碳到淀粉的从头合成，引起国内外强烈反响，入选"中国 2021 年度生命科学十大进展"。2023 年，天津工业生物所探索出一种将二氧化碳、甲醇、甲醛等碳一化合物合成己糖的方法，实现了较高转化效率与精准可控构型的己糖人工合成。

　　3. 产业布局

　　《天津市统计年鉴》等数据显示，2017 年以来天津市生物产业增加值占规模以上工业增加值比重稳定在 5.3%~6.2%，已成为天津市工业重要门类之一。生物产业规上工业企业数量由 2017 年的 140 家增长到2024 年的 200 余家，龙头企业包括诺和诺德、诺维信、葛兰素史克、施维雅、大冢制药等跨国企业，以及天士力、津药达仁堂、红日药业、康希诺、凯莱英、瑞普生物等本土企业，拥有上市企业 11 家（见表 3-3；利安隆和渤海化工也已开始布局合成生物产业赛道并初步取得进展，但考虑其主营业务，未归入生物产业进行统计），主要集中在生物医药板块。依托这些龙头骨干企业，天津目前建有亚洲最大的皮质激素、胰岛素生产基地和工业酶制剂生产基地，以及国内规模最大的氨基酸原料药基地。

表 3-3　天津市生物产业上市及新三板企业

上市板块	股票代码	企业名称	所属领域
深主板	002393	天津力生制药股份有限公司	化学药
	002432	天津九安医疗电子股份有限公司	医疗器械
	002821	凯莱英医药集团（天津）股份有限公司	研发服务
创业板	300026	天津红日药业股份有限公司	中医药
	300119	天津瑞普生物技术股份有限公司	生物农业
沪主板	600329	津药达仁堂集团股份有限公司	中医药
	600488	津药药业股份有限公司	化学药
	600535	天士力医药集团股份有限公司	中医药
	600645	中源协和细胞基因工程股份有限公司	生物制品
科创板	688108	赛诺医疗科学技术股份有限公司	医疗器械
	688185	康希诺生物股份公司	生物制品
新三板	430220	天津迈达医学科技股份有限公司	医疗器械
	430645	天津中瑞药业股份有限公司	研发服务
	832765	天津唐邦科技股份有限公司	医疗器械
	833047	天津天堰科技股份有限公司	医疗器械
	834738	天津民祥生物医药股份有限公司	医疗器械
	834915	天津同仁堂集团股份有限公司	中医药
	839222	天津三英精密仪器股份有限公司	研发服务
	839966	斯芬克司药物研发（天津）股份有限公司	研发服务
	872334	天津中新科炬生物制药股份有限公司	医疗器械
	872464	康奇（天津）生物技术股份有限公司	其他
	874289	丹娜（天津）生物科技股份有限公司	医疗器械

数据来源：作者整理

天津多元化的生物产业格局、扎实稳健的工业配套能力，为合成生物技术由实验室走向实用化商业化创造了丰富的行业应用场景和广阔的下游产业空间。围绕天津工业生物所、国家合成生物技术创新中心等核心资源，通过与行业龙头企业联动，合成生物技术赋能医药、化工、材料、食品等行业的潜在价值正在逐步释放。

天津渤化集团作为具有百年历史的老牌化工企业，面临企业绿色转型发展的挑战。通过与天津工业生物所和国家合成生物技术创新中心定制合成核心生产菌种，天津渤化集团实现羟脯氨酸等生物制造目标，技术水平国际领先，已在渤化长芦海晶建设产量达 1000 吨 / 年的生产线，消除了原化工过程高盐高氮废水污染，成本从 35 万元 / 吨降至 10 万元 / 吨，解决了产业"卡脖子"问题。天药股份是亚洲最大的皮质激素类原料药科研、开发、生产和出口基地，其国际市场份额位居全球第三。甲泼尼松龙是甾体药物的高端品种，是全科类皮质激素。天津工业生物所和国家合成生物技术创新中心的团队研发了甲泼尼松龙生物合成技术，以技术许可形式转给天药股份，有望促进合作企业工艺投料量翻倍提升、转化效率提高到 95% 以上、生产周期缩短约 1/3。天津工业生物所和国家合成生物技术创新中心的团队以异源生物功能元件和模块组装，创建了国际上首个同时生产天然玫瑰精油玫瑰醇、香叶醇和橙花醇三种主要单萜组分的"玫瑰酵母"菌株，研发出玫瑰精油等香料物质生物合成技术，可节约 90% 以上的成本，以技术招商吸引合成生物头部企业华恒生物在津设立项目公司，推进玫瑰精油产业化。天津工业生物所和国家合成生物技术创新中心的团队建立了呋喃酮类风味物质、血红素以及含硫氨基酸等人造肉未来食品重要组分的高效生物合成技术路线，还联合天津春发生物科技集团有限公司，建立了食品化成型工艺，开发了低盐、低脂、零胆固醇的植物蛋白牛肉饼、植物蛋白黄金鸡块以及无动物源肉味香精等多种新产品。经中国食品科学技术学会专家鉴定，该成果达到国际先进水平，并荣获 2022 年中国国际食品展创新大赛铜奖。同时，完成了中试规模食用菌丝蛋白发酵生产工艺测试及其营养安全评价，为新蛋白食品原料市场准入奠定基础。

此外，合源生物纳基奥仑赛注射液获批上市，成为首个国内原研CD19 CAR-T产品。医药CDMO领军企业凯莱英加快建设合成生物技术研发中心、微生物细胞工厂和无细胞生物合成等平台，已拥有超过2400种酶的酶库，实现药用酶的商业化生产供货。华熙生物在天津投建医药级原料中试平台，占地面积达4万平方米，将成为国内最大的中试孵化基地。在新材料领域，上市企业利安隆开辟生命科学业务板块，设立合成生物技术研究机构，与天津大学合作推进聚谷氨酸、红景天苷发酵产品研发。元一生物完成虾青素酵母产业转化，与世界500强企业象屿集团达成战略合作进行商业转化，同时推出以"超氧化物歧化酶"为核心成分的自有护肤品牌"元彩"。

天津生物产业逐渐形成以滨海新区为龙头，武清、北辰、西青、东丽及静海等区多点散布、特色集聚的空间格局。代表性产业园区（基地、孵化器等）及重点企业情况如表3-4所示。

表3-4　天津市生物技术相关产业区域布局情况

区域	产业园区（基地、孵化器等）	代表企业
滨海新区	亚历山大（天津）科学孵化器有限公司、泰达生物医药产业园、天津科技大学科技园、天津泰达中小企业科技园、融达科技园、天大科技园、九州通医药健康产业园、中海产业园、西区生物医药产业园、天保智谷生物医药产业园区、瑞普生物智创谷、中科复星天津生物产业基地、中国（天津）生物制造谷、华苑科技园、渤龙湖科技园、中英医疗健康产业基地、海泰渤龙产业园、生物医药创新中心、国家生物医药国际创新园、生态城生物医药产业园	康希诺、博雅生物、瑞创康泰、北洋百川、天科本真生物、泽达易盛、依诺诚、药明康德、海河生物、赛诺医疗、全合诚、阿尔塔、卡普希、微纳芯、奇云诺德、迪沃特、百葵锐、中合基因、工微生物、恒瑞医药、正丽科技、合美医药、中科美宁、瑞普生物、华诺奥美、百恩生物、中源协和、合源生物

续表

区域	产业园区（基地、孵化器等）	代表企业
武清区	创业总部基地、国际企业社区、国际健康产业园、电子商务产业园	红日药业、诺禾致源、金匙医学、康立明、汉氏联合、苏州金唯智、景岳生物、中澳嘉喜诺、华润生物、元一生物、嘉林科医、百康芯、擎科生物、赛科凯尔、怡和嘉业、欧蒙医学诊断、普光医用材料、隆泰银信、微创医疗、乐普医疗、赫兰恩特、华阳医疗、颐和美林
西青区	西青开发区、学府工业区、恒通企业港、国药医药产业园、西青汽车工业区	同仁堂、宏仁堂、力生、武田、大冢、盈科瑞、万旭医药、庄盟生物、锐尔康、国药控股智惠民生、天青生物、挑战生物、上药津津药业
东丽区	国际医疗器械产业园、华明医疗健康产业园	博奥赛斯、中核高能
静海区	中国医学科技创新体系核心基地天津基地、神农谷、静海开发区生物医药产业园、中日（天津）健康产业发展合作示范区	赛德生物、民祥药业
北辰区	天津医药医疗器械工业园、联东优谷产业园	天士力、瑞康医药、中新药业、国科恒康

资料来源：作者整理

　　滨海新区生物产业规上工业企业数量、产值规模约占全市半壁江山，是外资龙头最密集、本土企业最活跃、在建项目最集中的区域。天津经开区生物医药产业 2019 年入选国家发展改革委首批国家战略性新兴产业集群，2022 年成为工业和信息化部认定的国家首批新型工业化产业示范基地。以天津经开区为主要载体的生物医药产业园区被商务部和财政部认定为全国首批外经贸生物医药产业提质增效示范区，区内生物医药、电子信息、化工、材料、轻工等关联行业拥有扎实基础，为合成生物技术跨界融合、赋能产业转型提供了丰富行业场景和潜在空间。天津空港保税区依托天津工业生物所和国家合成生物技术创新中心，正在加快推进建设中国（天津）生物制造谷，促进合成生物技术在药物合成、基因科技、轻工食品、化工材料、生物能源、生物农业、环境修复等领域全面赋能，培育创新创业企业。生物制造谷一期核心区 1500 亩、制造区 1500 亩，二期产城人融合区 3000 亩。首批 13 个重点项目已于 2021 年 6 月 23 日开工（入驻），投资总额达 90 亿元，总占地面积约 90 万平方米。天津滨海高新区重点依托中国医学科学院细胞谷细胞产业转化基地、细胞生态海河实验室等创新载体建设京津冀特色"细胞谷"，打造"细胞提取制备、存储、质控检验、研发生产、应用转化、冷链物流"全产业链，将建设成北方功能最为齐全的细胞成果转化平台。

（二）上海市：产业布局较早、支持政策有力

上海是国内合成生物产业发源地，相关支持政策较为完善。上海市以生物医药作为三大先导产业之一，在合成生物领域拥有多个"第一"，是我国第一个合成生物技术重点实验室、第一个合成生物学科学联盟、第一个合成生物学专业委员会的诞生地。上海共有三个合成生物学科研院所，其中 2008 年成立的中科院合成生物学重点实验室是我国第一个合成生物学重点实验室，2015 年上海成立国内首个合成生物学创新战略联盟，2020 年我国首家合成生物企业凯赛生物登陆上海证券交易所科创板。2023 年以来，上海合成生物学创新中心、上海市合成生物产业协会等重点平台机构相继成立。

1. 支持政策

"十四五"以来，上海市人民政府及各部门不断加大合成生物产业支持力度，进一步助力合成生物产业发展。2023 年 9 月，上海市发布了《上海市加快合成生物创新策源 打造高端生物制造产业集群行动方

案（2023—2025年）》，将合成生物列入未来健康产业集群，推动合成生物技术在创新药研发、医美产品研制、时尚消费品、生物可降解材料、环保等领域的应用转化。2022年11月，上海市发布《上海市加快打造全球生物医药研发经济和产业化高地的若干政策措施》，瞄准合成生物学、基因编辑、干细胞与再生医学、细胞治疗与基因治疗、人工智能辅助药物设计等重点领域，布局若干市级科技重大专项和战略性新兴产业重大项目，相关政策（文件）如表3-5所示。

表3-5　上海市"十四五"以来合成生物产业相关政策（文件）

时间	政策（文件）名称	主要内容
2023年9月	《上海市加快合成生物创新策源 打造高端生物制造产业集群行动方案（2023—2025）》	把合成生物技术作为上海高端制造业发展的重要引擎，预计到2030年建成合成生物全球创新策源高地、国际成果转化高地和国际高端智造高地，基本建成具有全球影响力的高端生物制造产业集群
2022年10月	《上海打造未来产业创新高地发展壮大未来产业集群行动方案》	布局合成生物等未来产业；在未来健康方面，主要方向包括合成生物、基因和细胞治疗、脑机接口、生物安全等
2022年10月	《上海市科技支撑碳达峰碳中和实施方案》	低碳与零碳工业流程再造技术突破行动、前沿颠覆性技术创新行动均涉及合成生物学
2022年10月	《上海市打造全球生物医药研发经济和产业化高地的若干政策措施》	瞄准合成生物学等重点领域，布局若干市级科技重大专项和战略性新兴产业重大项目
2021年9月	《上海市建设具有全球影响力的科技创新中心"十四五"规划》	加强合成科学与生命创制方向基础研究前瞻布局，显著提升合成生物学国际竞争力
2021年6月	《上海市战略性新兴产业和先导产业发展"十四五"规划》	构建生物基化学品的细胞工厂，推动合成生物学技术工业应用

资料来源：深企投产业研究院整理

2. 科创平台

上海合成生物学创新中心成立于 2023 年 11 月，在上海市科学技术委员会的支持与指导下，由国内领先的科技产业服务机构联合头部合成生物科技创新合作伙伴共同发起成立，是一家民办非企业单位性质的非营利机构，主要聚焦生命健康、生物材料等行业需求，核心目标是围绕人才的集聚做创新赋能，助力平台建设，加快产业转型升级。上海合成生物学创新中心以国际化为导向，以产业化为目标，面向全球开展合成生物领域人才网络搭建、技术合作、概念验证、科技成果转化等工作，与国内外科研机构、非营利组织、领军企业等开展广泛合作，基于国际合作和概念验证快速明确技术，通过转化平台实现技术到商业的转化，建立市场导向的产业基础设施，最终真正实现产业的落地。

3. 产业布局

上海以浦东、宝山、金山、奉贤等为合成生物产业重点发展集聚区。根据《上海市加快合成生物创新策源 打造高端生物制造产业集群行动方案（2023—2025）》，上海市以浦东新区创新突破为核心，以金山区和宝山区制造承载为两翼，打造"一核两翼"的合成生物产业空间布局。

浦东新区依托张江科学城等重点园区，合成生物产业要素基本齐全，集聚了一批产品型、平台型、技术型、科研型等不同类型的企业、机构；应用领域代表企业包括凯赛生物、昌进生物、恩凯赛药、食未科技（CellX）、柯泰亚生物、贻如生物、迪赛诺、羽冠生物等；产业平台包括中国医药工业研究总院、国家蛋白质科学中心；底层使能技术企业包括康码生物、翌圣生物（镁孚泰生物）、迪赢生物、正序生物、英矽智能、深势科技等。上海交通大学张江高等研究院、上海科技大学、张江 mRNA 国际创新中心等近 10 家科研机构积极布局合成生物技术研发。

宝山区出台《加快打造合成生物产业先导区三年行动计划》《宝山区加快打造合成生物产业先导区的若干政策》等文件，力争到2025年形成规模超50亿元的"上海市合成生物产业集聚区"。宝山区依托南大合成生物产业园等"1+1+3"园区功能布局，重点推进功能性平台建设，并计划以高能级生物铸造厂等重点基础设施的铺设为切入点，吸引创新型企业集聚。宝山区生物医药企业约有400家，其中合成生物赛道拥有宝济药业等重点企业，引入吉态来博（酵母蛋白）等初创企业，并与微构工厂等平台型企业开展战略合作。

金山区2023年10月出台的《金山区加快推进生物制造产业高质量发展的实施意见》提出，依托上海湾区科创城、高新区、碳谷绿湾、国家现代农业产业园、上海石化、上海化工区等进行"一核多点"布局，预计2025年金山区生物制造产业规模突破500亿元，其中制造业产值达到300亿元。根据金山区政府2023年8月公布的相关信息，金山区合成生物特色产业集群规划面积8平方千米，汇集合成生物类企业60多家，近三年总体产值规模增长近百亿元，年均落户项目总投资近30亿元。位于金山区的上海湾区生物医药港正重点发展高附加值原料药、现代中药、CAR-T免疫细胞治疗等合成生物新领域。在合成生物产业链中，金山区拥有科济制药、恒润达生、青赛生物、倍锦生物、创穑生物、合全药业、凯莱英等骨干企业。

（三）深圳市：产业集聚力强、科研转化率高

深圳高度重视合成生物产业，大力支持基础研究和应用转化。2017年5月，深圳出台《深圳市十大重大科技基础设施建设实施方案》，布局了"合成生物研究重大科技基础设施"这一重大项目，计划总投资约20亿元。深圳于2022年发布《关于发展壮大战略性新兴产

业集群和培育发展未来产业的意见》，前瞻布局八大未来产业，其中生物制造位列八大未来产业之首。2024 年 4 月，深圳合成生物产业基金完成工商登记，深圳市引导基金、深创投、光明区引导基金等共同出资，初期出资额达 15 亿元，该基金是深圳"20+8"产业基金第一批确认的 4 只基金中的一只。

1. 科创平台

2017 年 12 月，中国科学院深圳先进技术研究院合成生物学研究所（以下简称"合成所"）成立，专注于人造生命元件、基因线路、生物器件、多细胞体系等的合成再造研究，在我国合成生物研究领域具有重要地位。合成所在生物功能分子合成进化、基因线路设计原理、酵母染色体合成、天然产物合成、微生物组合成等前沿项目上已达到与国际先进水平并跑的层次。为推进前沿技术更好落地，合成所在国内首创"楼上楼下创新创业综合体"模式："楼上"科研人员进行原始创新，解决基础科学方面的问题，进行核心技术攻关；"楼下"构造产业孵化空间，为合成生物类初创企业提供方便、快捷的"拎包入住"式共享实验平台及智库支撑。通过"楼上"与"楼下"的有力"链接"，创新性打破"从 0 到 1 再到 10"的产业孵化时间壁垒，建立了"科研—转化—产业"的全链条企业培育模式。目前，合成所自有技术孵化企业 12 家，截至 2024 年 3 月已吸引落地合成生物初创企业 47 家。

深圳合成生物学创新研究院（以下简称"深圳合成院"）是由中国科学院深圳先进技术研究院牵头建设的非法人科研机构，其核心参与单位是深圳市第二人民医院和深圳华大生命科学研究院。2019 年 1 月，深圳合成院由合成所（中国科学院深圳先进技术研究院第七个研究所）以"院所共建"的形式建设而成。深圳合成院秉承"造物致知，造物致用"的建院理念，以"构建生命，理解生命，融合 BT 和 IT，建设世界一流合成生物技术研究机构"为愿景，聚焦人工生命体系的理解，致力于重塑与扩展这一重大科学挑战，开展合成生物学基本原理、共性方法和医学转化应用研究。依托合成所在人才、科研及产业的多年积累，在国家部委、中国科学院及地方政府的支持下，深圳合成生物学创新研究院已初步建成"五位一体"、多主体合作、多要素联动的综合创新生态模式。

2023 年 7 月，国家发展改革委批复同意由中国科学院深圳先进技术研究院牵头组建国家生物制造产业创新中心（以下简称"国创中心"），该中心联合国投集团、招商局集团、华熙生物、华恒生物等股东单位，聚集产业链上下游优势企业组建而成。国创中心整合"政、产、学、研、用、金"优势创新资源，建设可共享研发的重大设施、技术攻关支撑平台、中试放大平台，联合攻关颠覆性生物技术，开发与推广应用先进适用产业技术与系统性技术解决方案，提升生物产业源头创新能力，培养专业生物产业化人才，培育生物领域创新企业，构建产业协同创新生态。

2. 产业布局

光明区是深圳市合成生物产业的重要聚集区。近三年来，约有 40% 的国内合成生物初创企业落户深圳，而落户企业中超 80% 集中在光明区。截至 2024 年 4 月，光明区已聚集 104 家合成生物企业，总估值约 300 亿元。目前，光明区合成生物企业已基本覆盖合成生物产业的上中下游环节，正朝着构建具有全球影响力的合成生物产业高地目标迈进。

2021 年 10 月，光明区发布全国首个合成生物领域专项扶持政策，即"四个 1000 万"政策①，支持合成生物战略科技力量建设、创

---

① 重点科技专项支持最高 1000 万元、用房租金补贴最高 1000 万元、生产质量管理规范（GMP）厂房改造补贴最高 1000 万元、公共服务平台建设最高 1000 万元。

新链建设、产业链建设、生态链建设等。2023 年 5 月，光明区调整发布《关于支持合成生物创新链产业链融合发展的若干措施》，明确了对于合成生物战略科技力量、创新链、产业链、生态链建设的支持方式。

光明区依托科学城各类创新要素高度集聚的优势，在合成生物产业发展上走在了前列。作为广东省合成生物产业核心承载和重点发展区域，光明区已落地全国首个合成生物重大科技基础设施、全国首个定量合成生物学全国重点实验室、全国最大的合成生物学创新研究院、全国首个合成生物学院、全国首个国家生物制造产业创新中心、全国最大的合成生物产业大会，发布全国首个合成生物产业专项政策，快速构建全国最具竞争力、深度融合"基础研究＋技术攻关＋成果产业化＋科技金融＋人才支撑"的合成生物产业全过程创新生态链，打造未来生物经济新引擎，建设国际合成生物战略发展高地。2021 年，光明区与中国科学院深圳先进技术研究院合作成立深圳市工程生物产业创新中心，由合成生物学研究所牵头建设，旨在为深圳孵化合成生物企业。

（四）北京市：科研基础雄厚、创新能力突出

北京市合成生物科研基础雄厚，科研院所众多，包括中国科学院系列院所、清华大学、北京化工大学等。2021 年 1 月，北京市发展改革委在《中国（北京）自由贸易试验区科技创新片区海淀组团实施方案》中提出，要布局重大生物产业平台和重点项目。2021 年 11 月发布的《北京市"十四五"时期国际科技创新中心建设规划》提出，重点研发一批高效遗传转化、精准基因编辑、合成生物技术等关键技术，构建现代化生物育种技术体系，培育一批重大动植物新品种，为保障国家粮食安全和食品安全提供品种与技术储备。2024 年，北京市设立

了规模为200亿元的医药健康大基金，生物制造为其重点关注领域之一。目前，北京市相关部门和机构正在抓紧联合研究制定"三个一"政策，即北京市合成生物制造产业发展规划、合成生物制造产业创新发展三年行动计划和相关政策措施。

1. 科技创新

在技术层面，北京市原创研究实力突出，经过前期培育，基因编辑工具开发、高通量筛选底盘细胞、代谢调控等行业急需的底层工具研究已经取得突破。中国科学院遗传与发育生物研究所研究员高彩霞在国际上首次提出将人工智能辅助的大规模蛋白结构预测应用于基因编辑工具挖掘，成功开发了一系列具有自主知识产权的新型基因编辑工具，有望打破基因编辑底层专利垄断。清华大学研究员张翀及其团队将液滴微流控技术应用于不同类型工业微生物的高通量筛选上，为新一代具有自主知识产权底盘细胞的创制提供强有力的技术支撑。中国科学院微生物研究所研究员陶勇及其团队运用代谢工程技术，对底盘菌株进行设计与改造，构建高附加值天然产物合成菌株，实现目标产物的高效合成。

2. 科创平台

北京市持续加快技术服务平台建设，促进产品绿色先进制造。工业菌种作为合成生物制造的关键，是持续开发创新产品的重要环节。清华大学陈国强、于慧敏团队分别研制出拥有自主知识产权的嗜盐菌和红球菌特色工业菌种开发平台，成功开发出生产类型多样、性能各异的工业菌种，用以生产生物基聚羟基脂肪酸酯（PHA）、烟酰胺、丙烯酸、西他列汀等多种重要化学品、高值手性医药中间体等，显著降低生产成本和"三废"排放，为食品、医药、日化等领域关键产品生产提供全新的解决方案。

中试放大平台建设是推进合成生物制造工程化关键技术研发、验证及转化的重要一环。2024 年，北京市合成生物制造技术创新平台建设已经启动，依托中粮营养健康研究院，建设以移液工作站为核心的工业微生物高通量筛选平台，开展大规模的微生物培养和筛选、生物活性分子检测、功能蛋白定向进化等技术服务。

依托北京化工大学谭天伟院士团队，建设北京市合成生物制造技术创新中心，围绕生物催化剂设计、生物制造原料开发、生物制造过程强化、生物制造产品工程等内容开展技术攻关，实现更多"从 1 到 10"的突破。

北京市依托中国食品发酵工业研究院，建设集研发、中试、验证、孵化等功能于一体的食品生物合成产业综合创新平台，推动功能酶和功能肽的开发，以及国产核心原料替代，助力平谷区农业中关村产业转型升级。

3. 产业布局

北京市以昌平区、北京经济技术开发区（以下简称经开区）和平谷区为合成生物产业重点发展地区，已启动昌平区、经开区、平谷区等合成生物产业聚集区建设。

中关村合成生物产业集聚区首落昌平区。昌平区以全域为基底，以未来科学城为重点，发展合成生物制造产业。2023 年起，昌平区加速布局合成生物制造产业，2023 年 11 月出台了《昌平生物制造产业发展行动计划》，2024 年 1 月出台了《昌平区支持合成生物制造产业高质量发展的若干措施（试行）》。2024 年 1 月，北京市科委、中关村管委会联合昌平区政府，在未来科学城举办北京市合成生物制造产业创新发展工作推进会，北京市合成生物制造技术创新中心和中关村合成生物制造产业集聚区在会上正式揭牌，计划打造具有全球影响力的合成生物制造产业创新策源地和产业创新高地，近期将启动 15 万平方米起步区建设，打造集"总部办公＋研发平台＋孵化加速＋小试中试"于一体的创新孵化空间①。昌平区还与丹纳赫等企业共建合成生物制造技术平台。昌平科技园下属的昌发展也通过股权投资、与上市公司合作等形式进一步吸引相关企业落地，并与中国科学院过程工程研究所签署合作协议，将联合华熙生物、巨子生物、创健医疗等头部企业共同搭建胶原蛋白生物制造科创平台。昌平区现有蓝晶微生物、微元合成、聚树生物、分子之心等重点科创企业。

经开区将生物医药和大健康产业作为四大主导产业之一，已聚集各类相关企业 4200 余家。根据《北京经济技术开发区加快建设全球"新药智造"产业高地行动计划（2023—2025 年）》，2025 年经开区生物医药健康产业规模将突破 2000 亿元，规上企业总数将突破 120 家，上市企业数目将突破 30 家。合成生物是经开区未来健康产业的发展重点，2024 年将面向合成生物细分赛道发布专项政策。当前经开区已集聚华昊中天、衍微科技、擎科生物、未来生物、津合生物等重点科创企业。2024 年 3 月，经开区首个合成生物制造公共技术平台——天空之境合成生物制造公共技术平台正式启用，该平台具备从合成生物技术到绿色过程技术再到不同领域产品开发的仪器集群和创新技术网络。

（五）江苏省：形成南京、常州、无锡等多个合成生物产业集聚区

当前，江苏省合成生物产业主要集中在南京、常州、无锡等地。南京市生物医药产业较为发达，较早布局生物制造赛道。2021 年 9 月南京市出台的《南京市生物经济发展三年行动计划（2021—2023 年）》提出，重点打造生物制造应用平台等四大功能区，推进绿色生物工艺

---

① 孙云柯：《北京布局建设合成生物制造产业创新高地》，《北京日报》，2024-01-07。

在化工、医药、环保、能源、食品等行业的应用示范，推动生物基材料、生物基化学品、新型发酵产品等规模化生产，形成一批具有自主知识产权、年销售额超过 10 亿元的生物制造产品。2021 年 6 月，"南京合成生物产业创新中心"揭牌成立。南京市布局生物制造赛道的上市及 IPO 申请企业包括诺唯赞、金斯瑞、轩凯生物等，重点科创企业包括百斯杰、趣酶生物、仅三生物、周子未来、食气生化、同凯兆业、普瑞特等。

常州市近年来重点布局合成生物产业。长三角合成生物产业创新园、金坛合成生物产业园、西太湖合成生物创新产业园等 3 个园区于 2023 年 10 月着手布局，拥有南京师范大学常州合成生物学产业研究院、华大工程生物学长荡湖研究所、江苏省重组蛋白质制造工程实验室、常州大学的合成生物学实验室、常州大学—江苏省中以产业技术研究院联合生物交叉生物实验室、江苏理工学院合成生物学与生物智造联合实验室等创新平台。此外，中科院常州合成生物化学联合研究中心（筹）和常州大学合成生物学创新研究院在 2023 年 11 月揭牌落地。新北区成立了规模为 20 亿元的合成生物产业专项基金和 2 亿元的园区发展基金。2023 年 11 月，常州市正式出台《关于推进合成生物产业高质量发展的实施意见》及《常州市关于支持合成生物产业高质量发展的若干措施》，成为江苏省首个发布促进合成生物产业发展专项政策的地级市。目前，常州市合成生物领域的主要企业有 72 家，其中高新技术企业 32 家、"专精特新"企业 22 家、潜在独角兽企业 2 家、上市公司 2 家，拥有创健医疗、常茂生物、康润生物等一批重点企业；在建项目 21 个，总投资超 100 亿元。

无锡市加快布局发展合成生物产业。2024 年 2 月，无锡市出台了《关于加快推动生物医药产业高质量发展的若干政策意见》，对合成生物学的关键核心技术攻关、行业应用、创新平台建设等方面出台具体支持政策。2024年，无锡市还将制定施行《无锡市合成生物产业发展三年行动计划（2024—2026）》。从区域来看，滨湖区、无锡高新区、锡山区等均在重点发展合成生物产业。2024年，滨湖区发布《滨湖合成生物产业创新发展规划》，计划3年内招引项目企业30家，2026年全区合成生物产业规模达到50亿元，年均增幅超过15%，力争到2028年末形成百亿产业集群，构成合成生物全产业链。无锡高新区、锡山区均在建设合成生物产业园，无锡高新区与江南大学陈坚院士团队共同发起设立主要面向合成生物产业的江南大学技术转移分中心。2023年11月，无锡合成生物学和生物制造研究中心签约，计划落地无锡市南京大学锡山应用生物技术研究所。

（六）浙江省：以杭州为中心建立科研和产业集聚地

2023年，浙江省发布《浙江省人民政府办公厅关于培育发展未来产业的指导意见》，提出要优先发展合成生物等9个快速成长的未来产业，加快发展定量合成、基因编辑、蛋白质设计、细胞设计、高通量筛选等前沿技术，推动合成生物技术在生物智造、生物育种等领域的颠覆性创新与工程化应用。2023年7月，由浙江大学杭州国际科创中心牵头，传化集团等多家企事业单位共同发起成立浙江省合成生物产业技术联盟。2023年8月，传化科技城核心产业载体——钱湾生物港正式开园，将逐步构建起以合成生物为核心的生物技术产业集群，打造国内首个合成生物成果转化基地，横向兼顾细胞基因治疗（CGT）、医疗器械，纵向聚焦化工、农业等领域对合成生物的应用，发挥传化集团"链主"优势，构建以合成生物"科研—转化—产品"为一体的产业链、供应链和价值链。

浙江省加快建设合成生物研究重大科技基础设施，布局建设省重点实验室6家，围绕新型有机功能分子、绿色化学合成、微生物生化与代谢工程、生物有机合成技术、功能分子、药物等方向开展合成生物学基础研究和应用研究。支持省实验室围绕合成生物技术开展科学研究。西湖实验室在哺乳动物细胞研究方面，利用合成生物学设计出可自主治疗多种代谢病的"智能细胞"、人工类 β 细胞可释放药物；湘湖实验室围绕农业生物制造，开展昆虫信息素的合成生物机制解析与制造、农业绿色投入品的细胞工厂构建与生物制造、植物功能代谢产物的生物合成与制造等研究。

杭州市为浙江省合成生物产业主要集聚地。2023 年 5 月，杭州发布《杭州合成生物学产业核心区高质量发展试点政策》，明确对合成生物重点技术攻关任务给予最高 3000 万元资金支持。2023 年 9 月，杭州出台《关于支持合成生物产业高质量发展的若干措施》，这是全国首个支持合成生物产业的市级专项政策，明确提出打造合成生物领域的产业集群创新高地，对重点技术攻关项目资助最高可达 1 亿元。杭州市拥有中科院杭州医学所、浙江大学、浙江工业大学、西湖大学等合成生物学领域重点科研院所，在合成生物领域拥有郑裕国院士、杨立荣教授、李永泉教授等一批顶级专家，同时又引进了曾安平院士、王宝俊教授等一批"鲲鹏计划"人才，逐渐形成以浙江大学、西湖大学为代表的优势科研团队。2023 年 5 月《科技日报》报道，杭州市已集聚浙江省超 70% 的合成生物企业。杭州市合成生物产业以钱塘区杭州医药港、萧山区江南科技城、西湖区紫金港科技城为主要载体，打造三大创新平台。钱塘新区作为杭州市发展合成生物产业的核心区域，其辖区内的杭州医药港已经汇聚各类生物医药企业 1600 余家。目前，杭州市集聚了恩和生物、翱锐生物、西湖欧米、微远生物、科兴生化、瑞丰生物、中科国生、极麤生物、微新生物、力文所生物、佳嘉乐生物、唯铂莱等重点科创企业。

（七）山东省：发挥发酵产业优势，形成全域布局

山东省是我国传统发酵产业强省，已多年布局并重点培育合成生物产业。多家合成生物技术相关企业总部设在山东，如华熙生物、金城药业、三元生物、山东赫达、山东福瑞达、青岛蔚蓝生物等。山东省十分重视研发成果的转化，帮助企业实现合成生物技术成果快速产业化落地。目前，山东拥有生物制造类企业 1.6 万多家，形成"全域布局、多点开花"的产业发展格局。其中，华熙生物是合成生物产业龙头企业，透明质酸市场份额占全球市场份额的 44%，市场占有率连续十余年位居国际首位。科兴制药是重组蛋白药物的龙头企业，其核心产品稳居国内同类品种前列，覆盖全国各地 1.5 万多家终端。新发药业有限公司是全球最大的 D- 泛酸钙生产基地，D- 泛酸钙全球市场占有率为 40%，居全球第一位。安琪酵母（济宁）有限公司在全球建设了12 个酵母工厂，酵母类产品总产能超过 30 万吨，在国内市场占比超过 55%，在全球市场占比 15%，居亚洲第一位、全球第二位。

1. 支持政策

为推进合成生物产业发展，山东省出台了一系列支持政策。《山东省"十四五"科技创新规划》提出，要把合成生物产业作为大力培育支持的创新产业，抢抓生物技术发展机遇，推动合成生物技术等生命科学技术攻关。《山东省创新药物与高端医疗器械引领行动计划》提出，对在省内完成Ⅰ、Ⅱ、Ⅲ期临床试验的一类新药，最高分别给予 1000万元、2000 万元、3000 万元资金支持。一系列支持政策为生物医药产业发展创造了创新发展新环境。2023 年 1 月，山东省政府工作报告明确提出把合成生物产业作为大力培育和支持的创新产业，突出合成生物等关键领域核心技术攻关，扎实推进先进制造业强省行动，着力深化新旧动能转换。

　　在科技攻关方面，山东省鼓励各类主体积极探索发展路径，2022年立项实施了"合成生物"科技示范工程项，"蛋白质翻译后修饰在抗肿瘤药物耐药分子机制中的研究"等一批重大成果获山东省科学技术奖励。"十四五"以来，山东省共有"替戈拉生片"等8款一类创新药物相继获批上市，获批数量位居全国前列。

　　2. 科创平台

　　山东省持续强化合成生物领域创新平台建设。2017年，青岛能源所、山东大学、齐鲁工业大学、青岛蔚蓝生物集团等7家单位，发起并共同建立了山东省合成生物技术创新中心。山东省推动2家生物医药国家重点实验室成功完成重组，先后布局建设了3家省实验室、21个省临床医学研究中心、20个省技术创新中心和40余家省重点实验室，构建了较为完善的生物技术全产业链研发体系，实现了200余种糖及糖复合物的高效精准合成，建立了全球领先的透明质酸全产业链，实现了烟碱和培南类医药中间体4AA的手性酶催化产品落地应用，并在谷胱甘肽、腺苷蛋氨酸和虾青素等合成生物产品方面占据市场先机。

第 四 章
我国合成生物产业
重点领域进展显著

合成生物技术带动生物技术发展到新的阶段，是未来生物经济发展的核心驱动力。一系列使能技术的突破加快了合成生物技术的工程化应用，以构建分子机器和细胞工厂为代表的新兴生物工程领域，在推开"造物致知"的大门的同时，也拉开了"造物致用"的帷幕。近20年来，合成生物产业的发展采取的是自下而上的构建策略，其核心是解决跨层次的涌现问题，通过原理和构建与生命发展相关的一系列核心技术，用技术赋能应用，广泛影响医药、农业与食品、能源、化工、材料、环境等领域，实现对生命体的全新应用，即新一代生物制造，为应对突发公共卫生事件、疾病诊疗、气候变化、粮食危机等全球紧迫问题提供可行性方案。合成生物技术日渐成为促进生物经济乃至社会经济发展的重要推动力。合成生物技术取得显著进展，主要体现在三个方面。第一个方面，理论体系的提出与构建，包括知识驱动的"白箱模型"和构建数据驱动的"黑箱模型"。第二个方面，使能技术的系列突破，如基因线路设计、基因组合成与组装、基因组编辑、底盘细胞构建、无细胞转化体系、蛋白质从头设计、非天然体系及生物正交、人工智能的应用等。第三个方面，创新应用的逐步实现，包括"造物致知"和"造物致用"[1]。

一、合成生物学理论体系的提出与构建

随着合成生物元件规模及应用场景的不断拓展，其内部运作及与环境和宿主互动的复杂程度呈指数级增长，给合成生物技术可预测性设计带来重大挑战。理论体系的构建将有力促成合成生物学与传统数理学科的汇聚，突破更高效、更可控和更稳健的智能化生物系统构建

---

[1] 刘陈立、张先恩、傅雄飞等：《合成生物学发展与展望》，《前进论坛》，2024年第4期。

的瓶颈，为"造物致用"奠定基础。

2019 年，我国科学家首次提出"定量合成生物学"这一概念，并于 2021 年组织"定量合成生物学"香山科学会议，形成"'黑箱'理论与人工智能"和"多尺度'白箱'定量理论"等重要思路和共识。随后，有学者在《合成生物学路线图 2030——驱动下一代生物制造的引擎》中进一步系统阐述了合成生物学理论框架。合成生物学理论体系构建涉及两个方面。一是传统定量生物学方法，即通过定量表征组元和数理演绎建模的方法，构建知识驱动的"白箱模型"。针对产生特定功能的生命体系，建立对应的模型与理论，由简到繁实现生物系统的理性设计与精准合成。这类方法适合循序渐进地增加模块的复杂度并建立标准。二是从生物大数据的角度出发，运用机器学习等人工智能方法加以统计归纳，构建数据驱动的"黑箱模型"。通过知识与数据的深度融合，拓展合成生物模块的功能及应用场景。这类方法直接从大量案例中提取生命过程的内在结构和关联，为构件设计提供方案[1]。

合成生物学理论体系的提出与构建将为解答"生命功能跨层次涌现"这一核心科学问题提供理论指导，为合成生物学"造物致用"提供原始理论创新。

二、合成生物技术创新取得重要进展[2]

使能技术是指可以获得广泛应用，提升现有技术水平并获得高效益的技术。合成生物使能技术的系列突破，为合成生物技术及产业迅

---

[1]　刘陈立、张先恩、傅雄飞等：《合成生物学发展与展望》，《前进论坛》，2024 年第 4 期。

[2]　本部分主要参考李玉娟、傅雄飞、张先恩撰写的《合成生物学发展脉络概述》，发表于《中国生物工程杂志》2024 年第 1 期；刘陈立、张先恩、傅雄飞等撰写的《合成生物学发展与展望》，发表于《前进论坛》2024 年第 4 期。

猛发展提供了底层工具与共性技术支撑。

双稳态基因网络开关的设计合成、基因振荡网络的设计与实现，证明了复杂代谢调控的逻辑性、人工再设计的可实现性。科学家成功利用生物元件在微生物细胞底盘内构建逻辑线路，引入工程学理念，开启了合成生物技术新的进程。2000 年，波士顿大学 Collins 团队受噬菌体 λ 开关和蓝藻昼夜节律振荡器的启发，设计合成了双稳态基因网络开关，含有这种开关的细胞可以在两种稳定的表达状态之间切换，以响应外部信号。同年，普林斯顿大学 Elowitz 和 Leibler 基于负反馈调控原理设计了基因振荡网络，这种被称为阻遏因子的回路的激活引起了阻遏因子蛋白表达的有序、周期性振荡。这些人工生物器件和回路在大肠杆菌细胞中的实现，为基因组编辑及人工基因网络调控提供了设计思想，成为合成生物学的经典之作。随后一系列生物元件的应用，帮助人们实现了更为复杂的人造基因线路设计。中国科学院深圳先进技术研究院娄春波团队与北京大学欧阳颀团队长期致力于探索基因回路的设计原理。他们秉承绝缘化、正交化的设计思路，创制高质量的基因元件，并在原核生物以及真核细胞底盘上实现了鲁棒且可预测的基因回路设计。随着人类对大规模且可预测基因回路设计能力的不断提升，科学家不仅能够精确控制单一种类细胞的行为，还可以对细胞群体进行编程，建立人工合成的微生物群落。

遗传密码子的拓展、含非天然氨基酸蛋白质的合成以及镜像转录的实现，开创了生命体的新形式及应用前景。2014 年，斯克里普斯研究所的 Romesberg 团队设计合成一个非天然碱基配对，实现遗传密码子的拓展。这意味着在控制条件下，未来的生命形式有无限种可能。2017 年，Romesberg 团队又成功地使含非天然碱基 dNaM–dTPT3 配对的 DNA 在大肠杆菌中实现转录和翻译，并使非天然氨基酸在绿色荧光蛋白中定位结合。北京大学陈鹏与季雄团队借助遗传密码子拓展策略，研发了具有单氨基酸位点分辨率的多组学技术，实现了活细胞中染色质化学修饰的编码表达与串联解析，将在细胞"代谢—修饰—基因转录"调控轴中发挥重要作用。清华大学朱听团队在镜像生命研究方面开展系列工作，实现镜像 T7 转录，拓宽其在诊断治疗等方面的应用。

基因组编辑新工具的开发、基因模块的挖掘与解析、生物体系的模拟与设计，丰富了合成生物学的底层共性技术，基于 CRISPR 系统的基因编辑工具在合成生物学中得到了广泛应用。2012 年，柏林马克斯·普朗克病原体科学研究所 Emmanuelle Charpentier 与加州大学伯克利分校 Jennifer A.Doudna 发现 CRISPR-Cas9 系统可靶向切割 DNA 并阐明其机制，为 CRISPR-Cas9 基因编辑技术的建立作出奠基性贡献。2020 年，这两位研究员因此被授予诺贝尔化学奖。2019 年，哈佛大学 David Liu 团队融合了人工核酸酶与逆转录酶，成功构建了引导编辑器（Prime Editor），开发了可在哺乳动物细胞中实现 12 种类型碱基置换、多碱基变换以及小片段插入或删除的引导编辑系统。David Liu 团队还接连开发了胞嘧啶碱基编辑器（Cytosine Base Editor）和腺嘌呤碱基编辑器（Adenine Base Editor），通过不依赖 DNA 双链断裂的碱基编辑技术实现了部分碱基类型的精准编辑。除上述主要基因或碱基编辑技术策略外，自 2019 年以来，基于 CRISPR 相关转座元件（CRISPR-associated transposons，CASTs）的基因写入技术也有了较快发展。2023 年，中国科学院遗传与发育生物学研究所研究员高彩霞研究组研发出一系列新的碱基编辑系统，这是我国具有自主知识产权的精准基因编辑技术，有望打破碱基编辑底层专利垄断。

生物体基因组合成与组装能力迭代提升，在实现原核生物基因组和酵母染色体人工合成的基础上，正向多细胞生物染色体人工合成方向发起挑战，这些都支撑着合成生物技术发展，推动下游产业转化。人工合成病毒、细菌及酵母等微生物基因组，实现了大规模人工合成生命遗传物质的突破。简单基因组的开发，为认识基因组功能和构建底盘细胞提供了新的思路。2002 年，纽约州立大学石溪市分校研究团队通过化学合成病毒基因组获得具有感染性的脊髓灰质炎病毒，这是首个人工合成的生命体。继最简基因组（minimal cells）概念提出后，美国 JCVI 团队合成首个"人工合成基因组细胞"——JCVI-syn1.0。2021 年，JCVI 团队在 syn3.0（473 个基因）细胞中加回 7 个基因，使其能够整齐地分裂成均匀的球体，这标志着合成生物学又向前迈出了重要一步。

目前，合成基因组学研究已经进入真核生物领域，其中人工酵母基因组 Sc.2.0 相关领域已产出系列代表性成果。2014 年，纽约大学 Jef Boeke 教授领衔的研究团队成功创建出第一条人工酵母染色体。2023 年，Sc2.0 计划再次取得突破，实现酿酒酵母的 16 条染色体全部合成成功，并分别创造出 16 种部分合成的酵母菌株。其间，中国科学院分子植物科学卓越创新中心覃重军团队将单细胞真核生物酿酒酵母天然的 16 条染色体人工创建为具有完整功能的单条染色体，为研究生命本质开辟新的方向。

继实现原核生物基因组与真核生物染色体合成组装之后，科学家开始挑战多细胞生物染色体合成。2022 年，中国科学院动物研究所李伟与周琪团队实现了哺乳动物完整染色体的可编程连接，并创建出具有全新核型（染色体组型）的小鼠。研究人员利用小鼠单倍体胚胎干细胞和 CRISPR 基因编辑工具，成功将最长的染色体 1 号和 2 号进行正反连接，以及将中等长度的 5 号和 4 号染色体进行首尾连接（实验小鼠未表现出明显异常）。结果表明，来自小鼠的两条独立存在的染色体经过基因编辑后，可以以非同源末端连接修复的方式连接为一条染色体。这项工作拓展了"造物致知"的合成生物学研究策略，并为打造相应的技术平台奠定了基础。

三、合成生物技术应用迎来重要发展契机

基于合成生物学"造物致知"和"造物致用"的核心理念，其应用可以归纳为两个方面：一是以生物大分子等为元件"自下而上"地合成人工细胞，从而理解在生命起源和生物演化的过程中，随生物结构层级上升而涌现的生物功能的底层原理和逻辑；二是推动生物技术迭代提升和生物制造产业变革，助力合成生物赋能新质生产力，塑造未来生物经济，从而服务人类健康和可持续发展。

（一）"造物致知"

自人类诞生以来，人们从未停止对生命起源及其本质规律的探索，并尝试从不同角度来定义并解析生命，形成了诸如原生细胞、最小细胞及合成细胞等多种研究思路和方向。原生细胞是一种具有隔离结构的自组装酶催化系统，能行使三磷酸腺苷（ATP）捕获合成、RNA复制等细胞的部分功能，可能代表了生命起源极早期或极端条件下的形态，但没有蛋白质的合成，不具有完整的生命功能。近年来，得益于各学科的深度交叉融合，人们开始尝试构建具有完整生命功能的形式以理解生命，相继发展出"自上而下"和"自下而上"两条技术路径，并随之产生了最小细胞及合成细胞的概念。最小细胞是"自上而下"对已有物种细胞的基因组进行精简，获得维持细胞存活的最小基因组，从而解析生命的必需基因和功能。合成细胞是"自下而上"将非生命的元件组装涌现出生命所需要的功能，如具有磷脂膜结构，有

遗传物质 DNA 编码的一系列细胞功能,有可自主生长、复制和分裂的细胞周期,对于揭示生命功能涌现和运行的本质规律具有重要的意义。

人工合成细胞衍生出的多项突破性技术,将在多个方面促进我国科技与产业的发展。①细胞膜人工合成技术:通过对人工合成细胞膜和可控细胞编程的研究,可衍生出外泌体或 T 细胞的人工合成技术,突破目前从天然细胞或机体中分离提取的低效瓶颈,推动新型核酸药物递送载体和人造治疗性细胞的发展。②高效物质能量合成技术:专项中开发的物质代谢和人工电子传递链等相关技术,有助于建立稳定高效的二氧化碳转化体系,推动我国利用二氧化碳制造葡萄糖、淀粉与油脂技术的发展。③大片段基因合成改造技术:专项中实现的大片段基因合成改造技术均有望衍生出大尺寸 DNA 的高精度体外自持复制技术,避开了体内重组扩增的时间限制,有利于大尺寸基因合成的自动化改造,推动我国 DNA 信息存储技术的发展。④无细胞蛋白表达技术:专项开发的无细胞蛋白表达技术,结合大尺寸 DNA 的高精度自持复制系统,有望衍生出体外转录—翻译—复制耦联下的无细胞转录—翻译系统,可应用于体外大规模重组蛋白的生产,助力我国合成生物产业发展。⑤数字化细胞技术:专项依托合成生物重大科技基础设施,为人工合成细胞提供基础性自动化技术平台,将大力发展数字化细胞技术,通过多维度合成细胞的组装、激活与测试,结合设计软件与机器学习,快速地完成"设计—构建—测试—学习"的循环迭代,有望大幅度提高合成细胞生命的能力,助力我国占据合成细胞国际科技前沿的制高点。

人工合成单细胞生命是多种合成生物使能技术的集中体现。实现具有极大挑战性的目标——人工合成单细胞生命,既是大科学问题,也是大工程问题。其科学意义在于理解生命体系结构层级提升出现生物学功能涌现的底层原理，其工程学意义在于为生物制造所需的定制化细胞奠定基础。美国研究联盟 Build-a-Cell 最新预测，该领域的研究已接近引爆点，有望在未来 10~20 年实现人工合成单细胞生命。依托合成生物研究重大科技基础设施打造"设计—构建—测试—学习"的高效闭环和快速迭代能力，通过建立知识驱动的"白箱模型"获取关键表型的定量化生物实验数据，利用数据驱动的"黑箱模型"高通量地获取标准化实验数据，再辅以机器学习等人工智能手段分析获得笼统的因果关系，指导单细胞生命的设计与合成，有望加速人工合成单细胞并维持其生命循环这一重大目标的实现。

（二）"造物致用"

合成生物技术在工业、医药、农业与食品、环境及生物信息、传感等领域的创新应用逐步实现，为应对全球共性挑战提供可行性方案。青蒿素前体、阿片、大麻素、茉莉素等天然产物的人工高效合成，将持续降低生物制造的成本，引领产业新模式、经济新形态。2006 年，美国加州大学伯克利分校的 Jay Keasling 团队通过基因网络编辑，成功在酵母菌中生产出青蒿素前体，成为合成生物技术生产植物药物的范例；2019 年，其团队与中国科学院深圳先进技术研究院研究员罗小舟合作，成功在酵母菌中产出多种大麻素及其衍生物，实现了植物激素茉莉素在酿酒酵母的异源从头合成。

二氧化碳转化为淀粉、葡萄糖和油脂等，为二氧化碳的资源化利用开辟了新途径，为传统产业摆脱资源环境制约提供了新思路。2021 年，天津工业生物所与中国科学院大连化学物理研究所等研究团队联合攻关，创制了一条利用二氧化碳和电能合成淀粉的人工路线——ASAP 路线，在实验室中首次实现了从二氧化碳到淀粉的从头全合成。2022 年，电子科技大学夏川课题组、中国科学院深圳先进技术研究院于涛课题组与中国科学技术大学曾杰课题组共同完成的研究表明，通过电催化结合生物合成的方式，可将二氧化碳高效还原合成高浓度乙酸，并利用微生物合成葡萄糖和脂肪酸。

维生素 B_{12} 等新领域精细化工产品的无细胞体系合成，突破了单一微生物底盘的限制。2023 年，天津工业生物所张大伟团队将微生物 B_{12} 合成途径中的 24 步催化反应进行模块划分，通过组装 36 个酶的体外多酶催化系统，实现了以 5- 氨基乙酰丙酸（5-ALA）为底物合成维生素 B_{12} 的体系构建，以及以 HBA 为底物合成维生素 B_{12} 的催化体系的产量提升。

生物基材料和原料的大规模合成，展示了生物制造替代传统化工的巨大潜力。DNA 存储可实现海量数据的长效存储，生物传感将为生命科学研究、疾病诊疗、生物制造过程控制、环境污染现场监测等提供先进工具。合成生物学的不断发展、重大科技基础设施的布局建设不断完善与高效运行，为合成生物技术发展提供集成式平台支撑，加速细胞工厂的工程化创新应用落地。

（三）重点应用领域分析

2022 年 5 月，我国发布《"十四五"生物经济发展规划》，提出要瞄准合成生物学等前沿领域，加快培育生物领域国家战略科技力量。2023 年 12 月，工业和信息化部等八部门联合发布《关于加快传统制造业转型升级的指导意见》，提出大力发展生物制造，推动生物技术在食品、医药、化工等领域加快融合应用。生物制造作为全球新一轮科技革命和产业变革的战略制高点之一，正在改变物质生产方式，实现生产原料、制造工艺、产品性质的重大革新。合成生物使能技术是驱动下一代生物制造的引擎，将推动经济发展向绿色低碳可持续发展模式转型。

在产业政策的引领带动下，投资者踊跃进入合成生物产业。合成生物产业海外市场起步较早、布局较早，知名的公司有 Amyris、Ginkgo、Codexis 等。国内合成生物产业起步略晚，但与海外相比差距不大。合成生物产业上游基因技术（基因编辑、DNA 测序合成组装等）的精进、资本市场对合成生物技术的认可，以及《"十四五"生物经济发展规划》等多项规划、政策的引导，推动了我国合成生物产业加速发展。碳中和政策将持续支持合成生物产业发展，产业发展趋势向降低产业成本转变。国内合成生物领域目前仍处于大规模产业应用前夕，大部分合成生物初创公司在中试阶段，商业化进程和大规模产业应用仍需时间。相当数量的合成生物领域的企业处于融资阶段，预计未来 3~5 年将迎来上市高峰。

1. 工业应用

以合成生物技术为工具进行物质加工与合成的生产方式，具有清洁、高效、可持续等特点，能够减少工业经济对生态环境的影响，重塑碳基物质文明发展模式，触发新产业变革，引领新产业模式和经济形态。合成生物技术的工业应用正成为生物制造及全球再工业化的重要驱动力，以打造生物经济为核心，重点突破工业底盘细胞设计、合成、调控与优化等关键核心技术体系，实现高性能工业酶、精细与特种化学品、大宗可再生化工产品、生物基可降解新材料、天然产物、二氧化碳人工生物转化利用等颠覆性技术创新，推进合成生物工业应用技术工程化、产业化应用。合成生物技术在工业领域的应用主要包括工业酶设计与高效表达、工业底盘细胞基因组合成、精细化学品生物合成、天然产物的微生物重组合成、工业大宗化学品生物合成、生物可降解材料生物制造、二氧化碳人工固定与转化、藻类固碳转化等。我国合成生物技术在工业应用领域涌现了一批代表性企业。

（1）上海凯赛生物技术股份有限公司

上海凯赛生物技术股份有限公司（以下简称凯赛生物）成立于2000年，是一家以合成生物技术为基础，利用生物制造技术，从事生物基新材料的研发、生产及销售的科创板上市公司。目前，总部和研发中心位于上海浦东张江高科技园区，3个生产基地分别位于金乡、乌苏和太原（建设中）。凯赛生物主要聚焦聚酰胺产业链，其产品包括可用于生物基聚酰胺生产的单体原料——系列生物法长链二元酸和生物基戊二胺，以及系列生物基聚酰胺等相关产品，可广泛应用于纺织、医药、香料、汽车、电子电器、日用消费品等多个领域。

凯赛生物是全球生物法长链二元酸的主导供应商，其自主研发生产的生物基戊二胺，广泛应用于环氧固化剂、热熔胶、异氰酸酯等相关领域。同时，戊二胺替代己二胺用于聚酰胺领域，不仅可以突破国内聚酰胺行业发展的主要瓶颈，为市场、客户提供来源于可再生生物质原料的"生物制造"新材料，更可为下游生物基聚酰胺等产品提供源于奇数碳的优异性能。基于自产生物基戊二胺及不同二元酸缩聚生产的生物基聚酰胺系列产品，戊二胺具有阻燃、吸湿、易染色、低翘曲、高流动性等特点，以及环保、可持续等优势。基于自产的生物基聚酰胺系列产品，凯赛生物推出高性能纺织材料——"泰纶®"，可广泛运用于纺织服饰、地毯、工业丝等产品领域。此外，基于产品的高强度、高耐热性、较好的尺寸稳定性等优异性能，凯赛生物推出了工程材料——"ECOPENT®"，可广泛应用于汽车、电子电气、工业及消费品等领域，为社会的可持续发展提供新的解决方案。未来凯赛生物将围绕四大核心技术持续推动生物基产品及技术的迭代和创新。

2022 年上半年末，凯赛生物总资产已达 166.79 亿元，比 2021 下半年增加 3.05%；营业收入比上年同期增加 13.53%；研发投入占营业收入的 6.71%，比上年度末增加 1.73 个百分点。2022 第一季度，凯赛生物投资活动的现金流出为 10.58 亿元。

incoPat 专利信息数据库显示，截至 2023 年 12 月，凯赛生物总计申请专利 865 件。从总体上看，专利申请量呈上升趋势，其中 2017 年专利申请数量最多，为 150 件（见图 4-1）。在企业专利申请数量最高的 11 个技术分支中，C08G、C12P 为占比排前两位的技术类别，是现阶段凯赛生物的重点技术研发领域和专利布局方向（见图 4-2）。

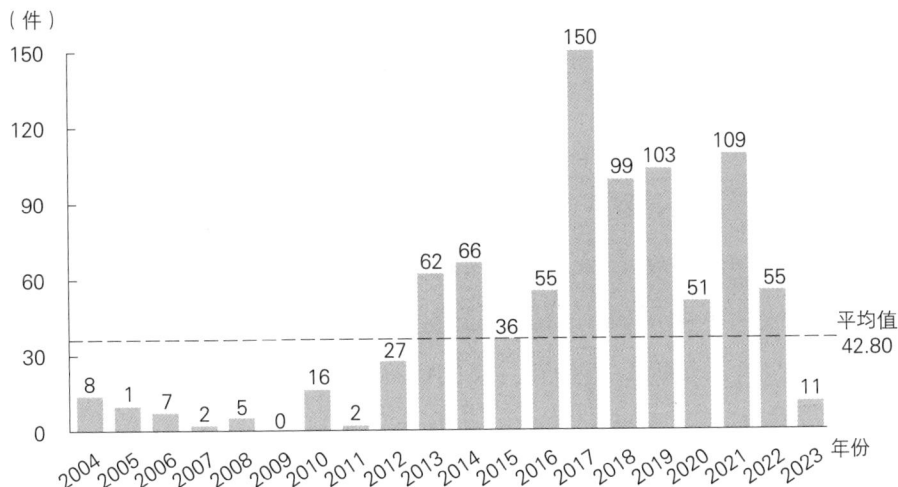

图 4-1　2004—2023 年凯赛生物专利申请情况

注：由于数据延迟公开，2023 年数据截至 2023 年 12 月 30 日，下同

数据来源：incoPat 专利信息数据库

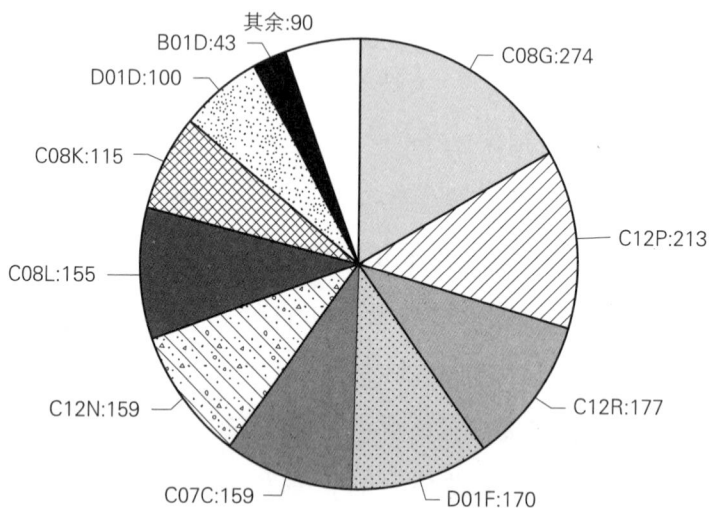

图 4-2 凯赛生物专利方向分布 ①

数据来源：incoPat 专利信息数据库

（2）安徽华恒生物科技股份有限公司

安徽华恒生物科技股份有限公司（以下简称华恒生物）成立于 2005 年，是一家以合成生物技术为核心，专业从事生物基产品研发、生产、销售的国家火炬重点高新技术企业。华恒生物主要产品包括丙氨酸系列（L- 丙氨酸、DL- 丙氨酸、β - 丙氨酸）、缬氨酸、D- 泛酸钙、泛醇和熊果苷等，可广泛应用于中间体、动物营养、日化护理、植物营养和功能食品营养等领域。公司秉承绿色环保理念，发展合成生物前沿技术，成功承担了国家发展改革委生物产业示范专项，荣获工业和信息化部制造业单项制造冠军，是国内外知名的生物基研发制造企业。

该公司拥有可持续创新能力的合肥合成生物创新研究院，高质量交付能力的长丰、秦皇岛、巴彦淖尔、赤峰四大生产基地。公司与中科院天津工业生物技术研究所、中科院上海生命科学研究院、中科院

① 注：同一专利可能涉及多个专利技术方向，下同。

微生物研究所等科研机构建立了长期的合作关系，已形成新老结合、分工明确、优势互补的技术创新人才梯队。华恒生物坚持以可再生生物资源替代不可再生石化资源、以绿色清洁的生物制造工艺替代高能耗高污染的石化工艺的发展路径，以合成生物学、代谢工程、发酵工程等学科为基础，建立了"工业菌种—发酵与提取—产品应用"的技术研发链，其中，微生物发酵法工艺利用可再生的葡萄糖直接发酵生产，生产成本更低，生产过程更安全、更绿色、更环保，代表了更为先进的生物制造方法。

2021—2023 年，华恒生物分别实现营业收入 9.54 亿元、14.19 亿元、19.38 亿元，同比分别增长 95.81%、48.74%、36.58%；分别实现净利润 1.68 亿元、3.19 亿元、4.49 亿元，同比分别增长 38.92%、89.81%、40.31%。该阶段华恒生物紧紧围绕发展战略和年度经营目标，坚持"强组织、开新局、拉增长"的年度管理方针，夯实组织管理能力，提升企业整体竞争力，积极面对市场需求及竞争形势的变化，增加产能并丰富产品结构。华恒生物的募投项目巴彦淖尔交替生产丙氨酸、缬氨酸项目和秦皇岛发酵法丙氨酸技改扩产项目产能利用率有序释放，产品毛利率有所提升，进一步巩固了市场竞争优势，公司盈利能力不断增强。

incoPat 专利信息数据库显示，截至 2023 年 12 月，华恒生物总计申请 244 件专利。从总体上看，专利申请量呈上升趋势，其中 2021 年申请专利数量最多，为 75 件（见图 4-3）。在企业专利申请数量最高的 11 个技术分支中，技术分支 C12P、C12N 为占比排前两位的技术类别，是现阶段华恒生物的重点技术研发领域和专利布局方向（见图 4-4）。

（3）华熙生物科技股份有限公司

华熙生物科技股份有限公司（以下简称华熙生物）于 2000 年 1

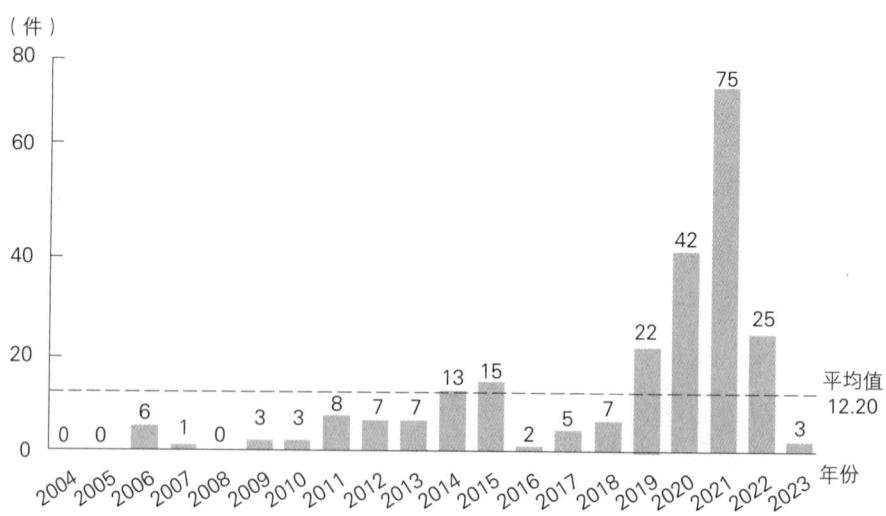

图 4-3　2004—2023 年华恒生物专利申请情况

数据来源：incoPat 专利信息数据库

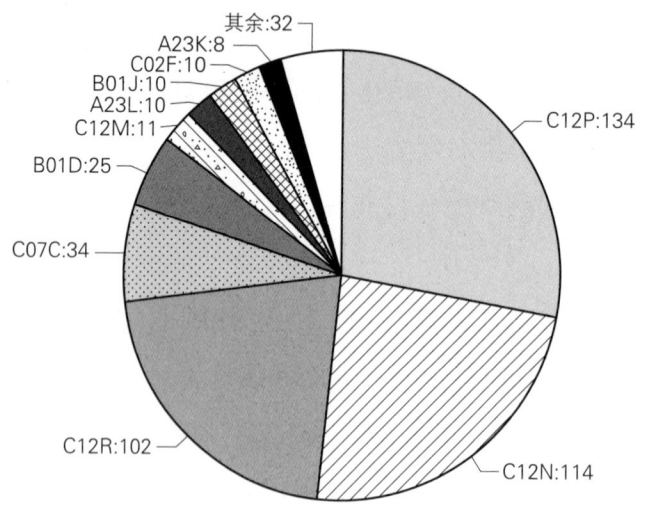

图 4-4　华恒生物专利技术方向分布

数据来源：incoPat 专利信息数据库

月成立，总部位于山东济南。2019 年 11 月，华熙生物在科创板上市，目前市值约为 890 亿元，是全球知名的生物科技公司和生物材料公司，先后在济南、上海、北京以及法国、美国等地设立具有国际先进水平的研发机构。

华熙生物是目前国内集合成生物"研发创新能力、中试和产业化能力、市场转化能力"三力为一体的合成生物全产业链企业。在前端菌种及合成技术上，华熙生物具备成熟的底盘细胞设计能力。首先，公司已拥有包括酵母菌、谷氨酸棒杆菌、大肠杆菌等各类生物活性物在内的丰富底盘库，并且已建设完成高通量自动化、微流控等筛选平台、AI 蛋白质预测平台、发酵优化筛选平台等，这将加快底盘细胞及产品的快速迭代能力，6~12 个月即可实现从设计 DNA 到形成产品。其次，公司在中试及产业转化方面具备领先能力和经验，拥有全球最大的中试转化平台，能够快速实现各种物质的产业转化，在微生物发酵的规模化量产、提纯、生产成品等环节具备较强的优势。此外，公司还具备市场转化能力，其从原料到医疗终端、消费终端的全产业链业务及相关市场、用户和品牌运营经验，能够为合成生物终端商业化提供发展支撑。2022 年以来，华熙生物陆续完成了合成生物技术研发团队、合成生物技术研发平台、合成生物技术国际创新产业基地、合成生物科学馆的建设，并与多家科研院所在合成生物领域开展合作，搭建了合成生物全产业链平台，为其战略加速落地奠定基础。在研发平台建设上，其"山东省生物活性物合成生物学重点实验室"已于 2021 年获得山东省科技厅的认定，"合成生物技术国际创新产业基地"于 2022 年落户北京大兴并投入使用。

2007 年，华熙生物成为全球规模最大的透明质酸生产商。2017 年，华熙生物收购法国 Revitacare 公司。2019 年 11 月，华熙生物成功登陆上海证券交易所科创板。2020 年 6 月，华熙生物全资收购透明质酸原料市场份额世界排名第四的东营佛思特生物工程有限公司。2022 年 4 月，华熙生物收购北京益而康生物工程有限公司 51% 的股权，正式进军胶原蛋白产业。2021 年，华熙生物宣布正式进军食品赛道，并推出国内第一个玻尿酸食品品牌"黑零"，产品包括白芸豆纤体咀嚼片、舒眠抗衰软糖、西洋参饮，其后又推出了玻尿酸饮用水。除医疗和化妆品行业外，玻尿酸食品也将成为华熙生物未来产业选项之一。

incoPat 专利信息数据库显示，截至 2023 年 12 月，华熙生物总计申请专利 1034 件。从总体上看，专利申请量呈上升趋势，其中 2020 年专利申请数量最多，为 266 件（见图 4-5）。在企业专利申请数量最高的 11 个技术分支中，技术分支 A61K、A61Q 为占比排前两位的技术类别，是现阶段华熙生物的重点技术研发领域和专利布局方向（见图 4-6）。

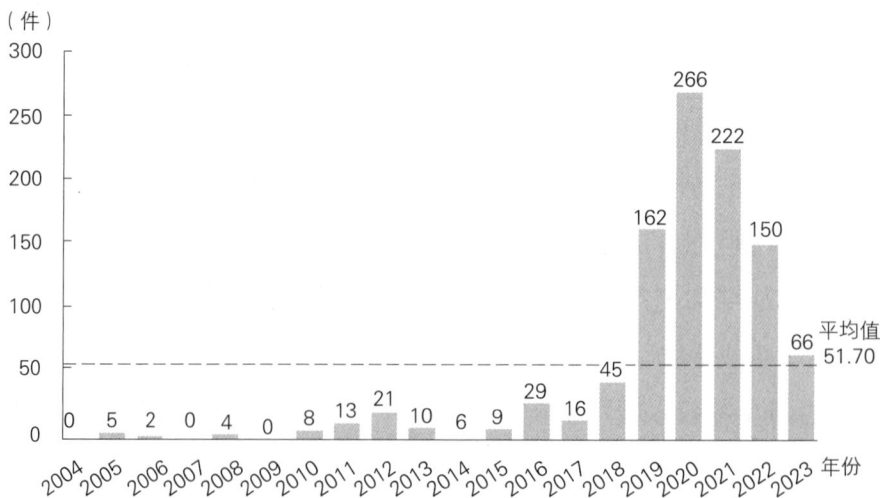

图 4-5　2004—2023 年华熙生物专利申请情况

数据来源：incoPat 专利信息数据库

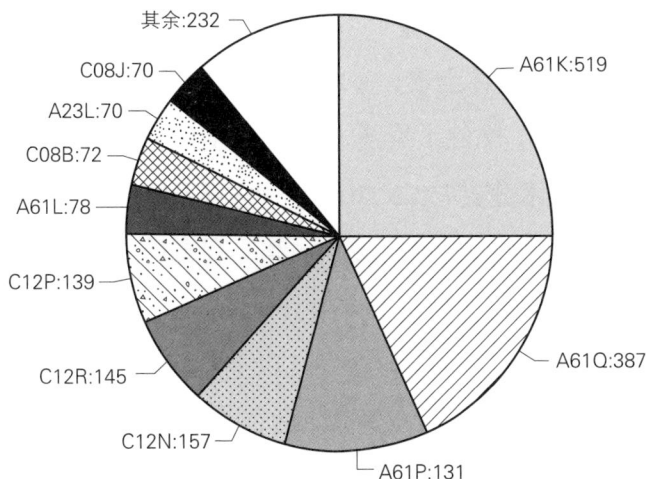

图 4-6 华熙生物专利技术方向分布

数据来源：incoPat 专利信息数据库

（4）北京蓝晶微生物科技有限公司

北京蓝晶微生物科技有限公司（以下简称蓝晶微生物）成立于 2016 年，致力于设计、开发、制造和销售新型生物基分子和材料，包括生物可降解材料 PHA、再生医学材料、美妆新功能成分、新型食品添加剂、工程益生菌等，助力消费品、食品、医疗、农业和工业等众多行业的 B 端客户在行业内开展差异化竞争。蓝晶微生物使用可持续原料生产蓝素™，这是一种天然高分子材料 PHA，由微生物利用淀粉或油脂合成。作为一种高分子材料，蓝素™ 不仅有类似于石油基塑料的性能，还具有优异的耐热性、热封性、阻隔性、水解稳定性以及海洋可降解性。为实现全球碳中和并减少塑料垃圾污染，蓝素™ 提供了独特的解决方案，可广泛应用于硬质包装、软质包装、纸塑复合、农用材料、纤维及无纺布、发泡材料、一次性餐饮具等的制作。蓝晶微生物在北京、深圳、上海和江苏盐城均设有研发中心和办公室，其客户和合作伙伴包括多家来自食品、消费品行业的世界 500 强企业。

incoPat 专利信息数据库显示，截至 2023 年 12 月，蓝晶微生物总计申请 108 件专利。从总体上看，专利申请量呈上升趋势，其中 2022 年专利申请数量最多，为 47 件（见图 4-7）。在企业专利申请数量最高的 11 个技术分支中，技术分支 C12N、C12R 为占比排前两位的技术类别，是现阶段蓝晶微生物的重点技术研发领域和专利布局方向（见图 4-8）。

（5）北京微构工场生物技术有限公司

北京微构工场生物技术有限公司（以下简称微构工场）成立于 2021 年 2 月，是一家拥有前沿合成生物技术的企业，专注于嗜盐微生物的改造和工程化应用，其创始人是清华大学合成与系统生物学中心主任陈国强教授。目前微构工场已有两条在建产线——位于北京中德产业园的合成生物学智能产线，以及位于湖北宜昌的年产万吨级生产基地。微构工场还计划在 5 年内建立 3~5 个大型生产基地，核心技术领域涵盖新型细胞工厂、合成生物技术体系、多种不同 PHA 材料、高值化合物生产平台。

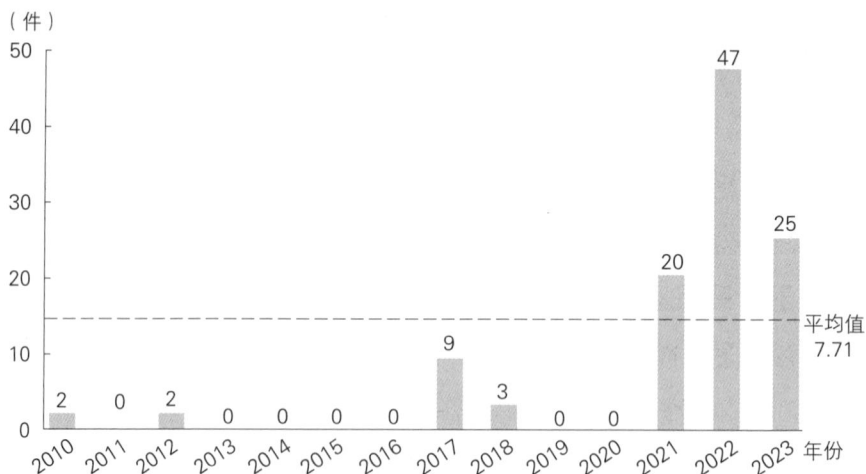

图 4-7　2010—2023 年蓝晶微生物专利申请情况

注：有些专利于公司成立前即获得了授权转让或购买，故专利申请时间早于公司成立时间，下同
数据来源：incoPat 专利信息数据库

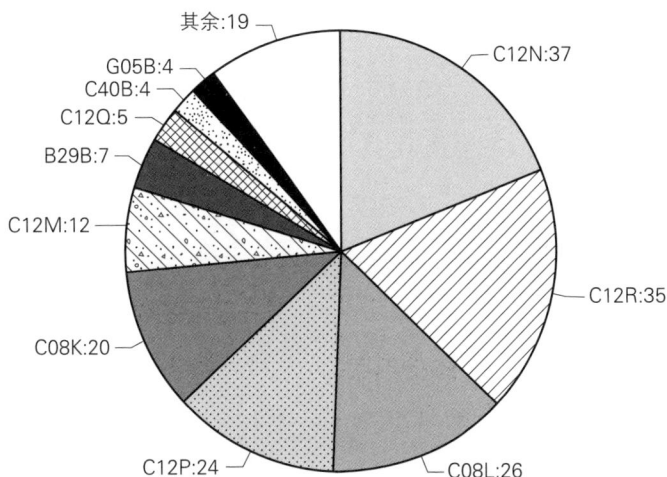

图 4-8 蓝晶微生物专利技术方向分布

数据来源：incoPat 专利信息数据库

目前，微构工场已经完成两轮 3 亿元人民币融资，投资方包括红杉资本、混改基金、富华资本等机构。微构工场主要利用前沿的"下一代工业生物技术"平台，对生物降解材料 PHA、医药中间体四氢嘧啶、尼龙 56 前体戊二胺等多种高附加值产品进行研发和生产。微构工场将不断推动合成生物技术与人们生活的深度融合，推动智能生物制造产业全面升级。

incoPat 专利信息数据库显示，截至 2023 年 12 月，微构工场总计申请 64 件专利。从总体上看，专利申请量呈上升趋势，其中 2023 年专利申请数量最多，为 26 件（见图 4-9）。在企业专利申请数量最高的 11 个技术分支中，技术分支 C12N、C12P 为占比排前两位的技术类别，是现阶段微构工场的重点技术研发领域和专利布局方向（见图 4-10）。

（6）森瑞斯生物科技（深圳）有限公司

森瑞斯生物科技（深圳）有限公司（以下简称森瑞斯）创立于

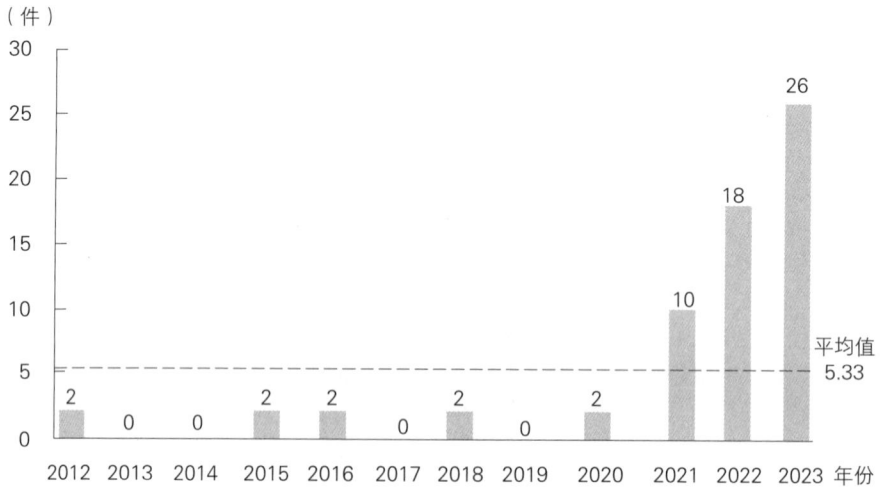

图 4-9　2012—2023 年微构工场专利申请情况

数据来源：incoPat 专利信息数据库

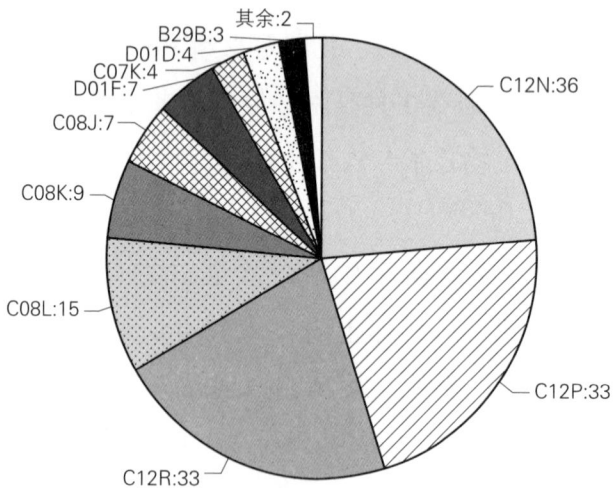

图 4-10　微构工场专利技术方向分布

数据来源：incoPat 专利信息数据库

2019 年，专注于合成生物技术研发及其在医药、化工、农业、消费品等诸多领域的创新应用。2019 年成立以来，森瑞斯以合成生物技术为基础，打造全链路合成生物研发平台。该平台立足的根本是公司开发的诸多重要合成生物研发工艺，具体到每个研发步骤需要用到哪些关键技术，这些技术包括高通量筛选技术和人工智能机器学习等。过去三年，森瑞斯从优化三个元件（包括酶、启动子和调控元件）到优化整个通路，再到优化整个菌株，已有接近 20 种研发工艺。这些工艺有机结合自动化设施和机器学习的能力，为森瑞斯生产高附加值产品带来了诸多优势。目前，森瑞斯已实现多项合成生物生产工艺突破，完成了多个细分品类的底盘细胞构建，为未来两年开发出近 10 款产品奠定了基础，其产品可应用于美妆护肤、食品饮料、服装材料等领域。

incoPat 专利信息数据库显示，截至 2023 年 12 月，森瑞斯总计申请 60 件专利。从总体上看，专利申请量呈上升趋势，其中 2022 年专利申请数量最多，为 24 件（见图 4-11）。在企业专利中申请数量最高的 11 个技术分支中，技术分支 C12N、C12R 为占比排前两位的技术类别，是现阶段森瑞斯的重点技术研发领域和专利布局方向（见图 4-12）。

（7）深圳柏垠生物科技有限公司

深圳柏垠生物科技有限公司（以下简称柏垠生物）于 2021 年成立，公司主营业务是基于合成生物和机器学习双核技术驱动开发生物基材料和相关医疗产品，为客户提供安全可靠的可持续性解决方案。柏垠生物目前坐落于深圳市光明新区深圳市工程生物产业创新中心，是中国科学院深圳先进技术研究院合成生物学研究所首创提出的"楼上楼下创新创业综合体"创新模式的典型范例之一。

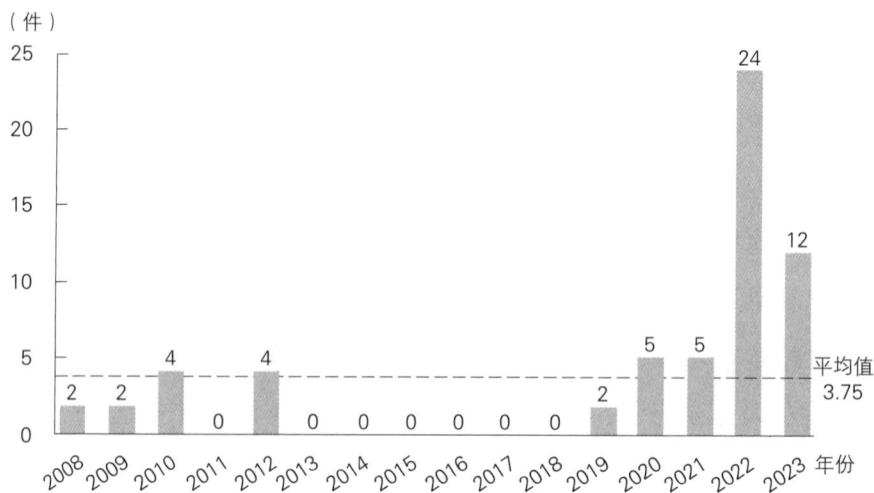

图 4-11 2008—2023 年森瑞斯专利申请情况

数据来源：incoPat 专利信息数据库

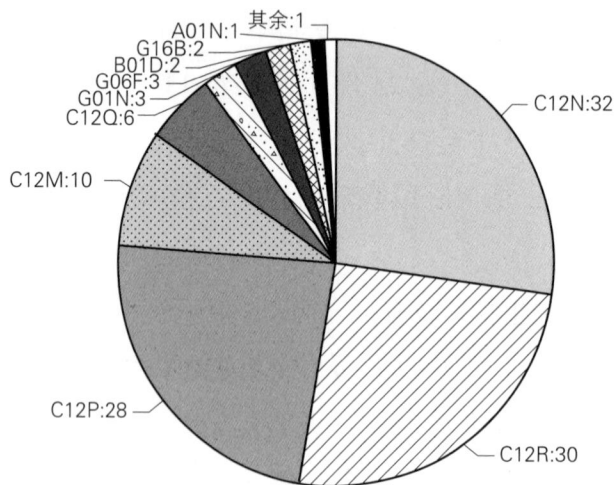

图 4-12 森瑞斯专利技术方向分布

数据来源：incoPat 专利信息数据库

柏垠生物 2021 年底宣布完成总额近 500 万美元的天使轮融资，由五源资本独家投资。此次融资标志着柏垠生物在合成生物新材料研发和相关医疗管线产品开发方面正式启动进程。柏垠生物已经从海内外招募多个包括合成生物技术、生物信息、代谢工程、免疫学以及发酵纯化产业工程在内的核心技术团队，推动处于开发状态的产品的有序量产，并同时推进 GMP 厂房的相关规划及建设。

incoPat 专利数据库显示，截至 2023 年 12 月，柏垠生物总计申请 24 件专利。从总体上看，专利申请量呈上升趋势，其中 2022 年专利申请数量最多，为 17 件（见图 4-13）。在企业专利申请数量最高的 11 个技术分支中，技术分支 C12N、C12R 为占比排前两位的技术类别，是现阶段柏垠生物的重点技术研发领域和专利布局方向（见图 4-14）。

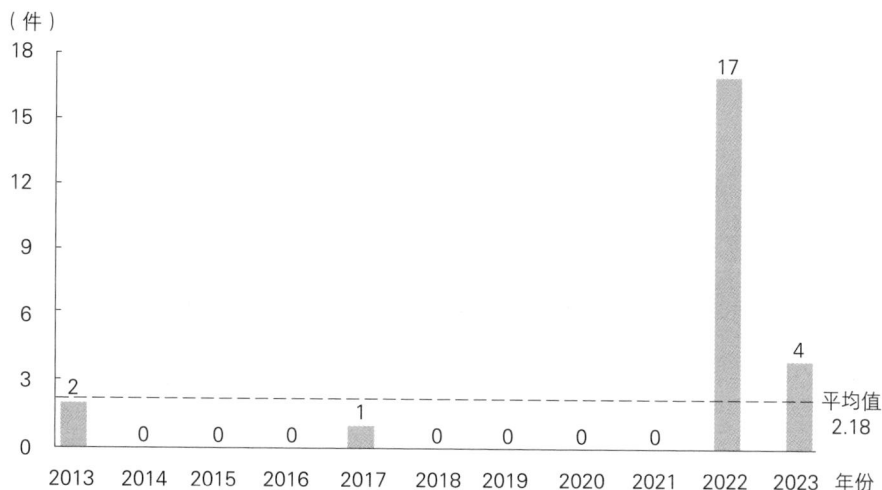

图 4-13　2013—2023 年柏垠生物专利申请情况

数据来源：incoPat 专利信息数据库

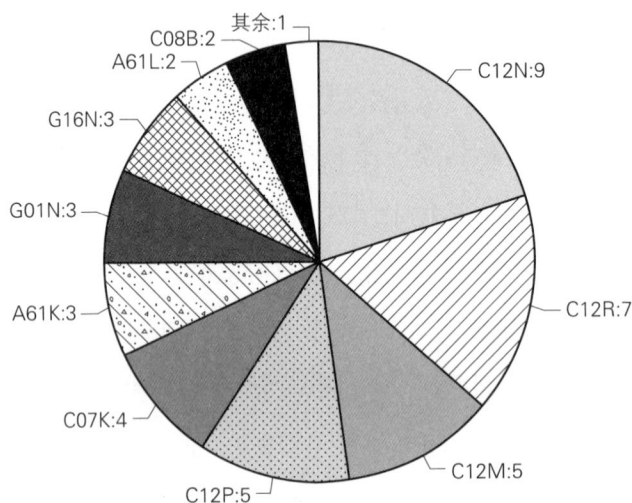

图 4-14 柏垠生物专利技术方向分布

数据来源：incoPat 专利信息数据库

（8）深圳中科翎碳生物科技有限公司

深圳中科翎碳生物科技有限公司（以下简称中科翎碳）成立于
2021 年 9 月，是国内首家新能源驱动合成生物电化学碳中和技术公司。
2021 年 12 月，中科翎碳宣布完成数千万元种子轮融资，估值近亿元。
中科翎碳致力于开发新能源驱动的新一代细胞工厂碳中和技术以及基
于低能耗电化学驱动的二氧化碳捕 / 转一体化技术，用于碳减排和二氧
化碳变废为宝的资源化利用。技术应用包括二氧化碳处理全流程解决
方案、电化学二氧化碳处理标准化设备、高附加值化工产品的生产和
销售。目前技术主要提供给碳中和技术服务商、核心设备供应商、二
氧化碳资源化利用运营商。在精细化工领域实现从二氧化碳到依克多
因等高价值材料的转化，大幅提高经济效益。在环保材料方面，使二
氧化碳变废为宝，作为环保绿色的可降解塑料应用于文创、快消、家
居建材等多个领域。在储能技术领域，利用新能源电力驱动二氧化碳

催化生产能源化学品，打造储能新介质，为长途运输提供科技动力。在能源化工方面，赋能碳排放的捕集与就地资源化利用，寻求"双碳"目标下的产业新机遇。在深空科技领域，火星大气成分中二氧化碳占95%以上，二氧化碳的高效催化与资源化利用为未来外星移民提供技术支撑。

incoPat专利信息数据库显示，截至2023年12月，中科翎碳总计申请24件专利。从总体上看，专利申请量呈上升趋势，其中2022年专利申请数量最多，为17件（见图4-15）。在企业专利申请数量最高的10个技术分支中，技术分支C12N、C12R为占比排前两位的技术类别，是现阶段中科翎碳的重点技术研发领域和专利布局方向（见图4-16）。

利用合成生物使能技术高效合成大宗发酵产品、精细化工产品、稀缺医药产品等，为传统产业摆脱资源环境制约提供了崭新思路。合

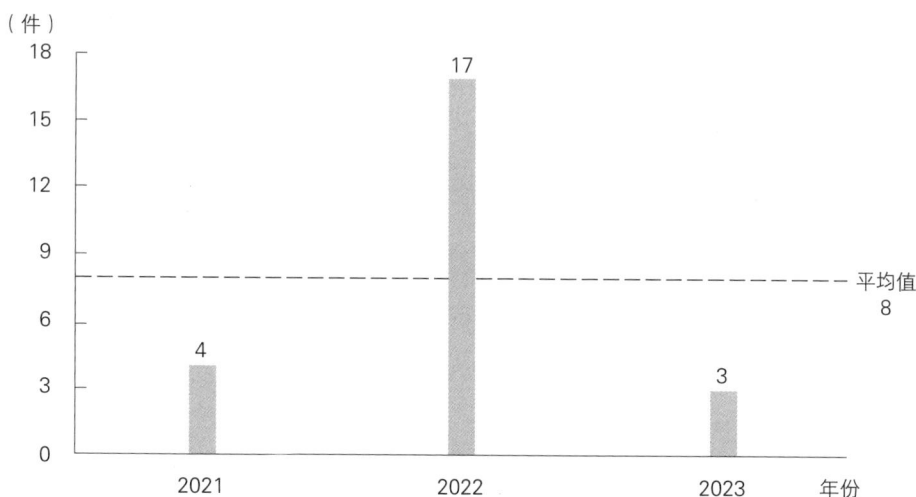

图 4-15　2021—2023 年中科翎碳专利申请情况

数据来源：incoPat 专利信息数据库

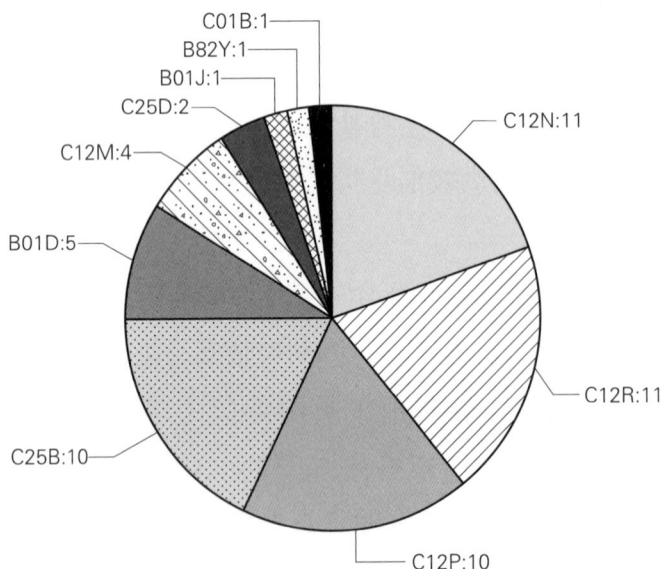

图 4-16　中科翎碳专利技术方向分布

数据来源：incoPat 专利信息数据库

成生物支持的绿色生物制造产业正成为快速发展的战略性新兴产业，将引领新产业模式和新经济形态。但是，当前的合成生物研究仍以设计改造自然生物为主，其产物绝大部分为天然化合物。与之矛盾的是，绝大多数化学品并没有天然生物合成途径，且从头创建合成途径的报道极少。这将成为合成生物技术未来发展及其工业应用面临的挑战，但也凸显了合成生物技术的巨大发展潜力。人工智能、大数据等技术的发展，将为合成生物技术发展创造新的可能。合成元件库建设、途径规模化解析、生物途径高通量组装和优化、人造系统的调试等技术的全面整合，将使得构建全新人工合成途径、生产新型化合物成为可能。合成生物技术的工业应用将持续降低大宗发酵产品、精细医药化学品、可再生化学品与聚合材料、天然产物等生物制造的成本，促进人类经济社会的可持续发展。

2. 医学应用

合成生物技术为医药领域带来变革性机遇，有望大幅提升疾病预防水平和疾病治愈率，具有数万亿产值的潜在经济规模。然而，随着疾病复杂程度提高，新药研发难度和成本急剧增加，研发成功率呈下降趋势。合成生物技术和 AI 为新药研发提供了革命性的技术手段。例如，AI 赋能药物靶点发现和化合物筛选等环节，大幅提升了新药研发的效率；高级代谢工程为医药化合物合成提供了更可控的工业规模制备；基因编辑可以治愈遗传性疾病；细胞工程可以构建效率更高的肿瘤免疫治疗和干细胞治疗等。合成生物技术在医学领域的应用主要包括蛋白药物 AI 辅助的设计与制造、医用生物化学品合成、mRNA 药物高效合成、细胞药物及细胞治疗、肠道微生物调控、蛋白质医用材料设计与应用、噬菌体治疗、仿生药物递送系统构建、再生医学与器官修复、基因编辑疗法等。

国际上，Ginkgo Bioworks 前期获得美国国际开发金融公司高达 11 亿美元的贷款，用于提升新冠疫苗必需原料的生产能力。新冠疫情暴发以来，Ginkgo 推出了 SARS-CoV-2 试剂盒 Ginkgo Concentric，与 Totient 合作进行治疗性抗体发现和优化，并与 Synlogic 合作开发新型疫苗平台。Ginkgo 和 Moderna 在内的数家疫苗开发商合作，缩短生产时间并提高疫苗产量。2020 年 11 月，Ambrx 完成 2 亿美元的融资，并使用扩展的遗传密码将合成氨基酸整合到蛋白质中，所有合成氨基酸插入过程都在活细胞内完成。Ambrx 技术具有广泛的应用前景和市场潜力，该技术可用于癌症的下一代抗体药物偶联物、双特异性抗体和靶向免疫肿瘤疗法、调节免疫系统的智能细胞因子，以及可用于代谢和心血管疾病的长效治疗性肽等。Sana Biotechnology 公司致力于开发针对多种适应症的工程细胞疗法，2024 年 1 月公布了首个细胞疗法的人体试验结果，即新一代现货型 CAR-T 疗法达到 75% 缓解率。该公司目前总市值 11.96 亿美元。United Therapeutics 公司旗下的 Revivicor 公司推出的改变基因组（Intentional Genomic Alteration，IGA）的家猪——GalSafe 猪被美国食品药品监督管理局（FDA）批准上市，这种家猪旨在消除猪细胞表面表达的 α-半乳糖，这是 FDA 批准的首个可以同时用于人类食物消费和作为潜在疗法来源的 IGA 动物。GalSafe 猪不仅可以为过敏者提供可安全食用的肉类，同时还可以用于为过敏者生产的药物，例如不含 α-半乳糖的血液稀释药物肝素。科学家也正在研究将猪器官移植到人类身上，GalSafe 猪甚至有可能解决接受异种器官移植患者的免疫排斥问题。例如，eGenesis 公司的目标正是使用猪的器官来缓解移植器官的短缺，该公司目前已完成超过 1 亿美元的融资。此外，在基因编辑方面，美国已拥有包括 CRISPR Therapeutics、Editas Medicine、Intellia Therapeutics、Beam Therapeutics 等在内的多个市值超过 10 亿美元的基因编辑企业。

2023 年 12 月 8 日，美国食品药物监督管理局（FDA）批准了两种具有里程碑意义的疗法：第一种是由 Vertex Pharmaceuticals 和 CRISPR Therapeutics 联合研发的 Casgevy 疗法，该疗法价格为 220 万美元，利用基因编辑技术治疗 B- 地中海贫血和镰刀状细胞贫血症，这是人类首次进行 CRISPR 基因编辑临床试验。第二种是来自 Bluebird Bio 公司的 Lyfgenia 疗法，该疗法价格为 310 万美元，这是第一种用于治疗 12 岁及以上患者镰状细胞病的细胞基因疗法。2024 年 5 月，据《纽约时报》报道，在华盛顿特区一家医院中，12 岁的男孩肯德里克（Kendric Cromer）成为 FDA 批准后全球首位接受镰状细胞病基因疗法的商业患者。

在国内，合生基因设计开发了能够精准识别肿瘤和提高杀伤效果的基因线路，形成了一种能够精准识别肿瘤、改善免疫环境、有效提高肿瘤杀伤能力的新型溶瘤病毒基因治疗药物平台 SynOV 系统，并于 2020 年 11 月获美国 FDA 临床试验许可。这是全球第一次将经过合成生物学技术优化、改造的免疫疗法用于治疗中晚期肿瘤病人。2021 年 10 月，合生基因研发的首款基因治疗产品获得国家药品监督管理局批准进行临床试验。博雅辑因通过基因编辑自体造血干细胞，治疗输血依赖型 β 地中海贫血。深圳普瑞金生物建立基因编辑等平台，从事细胞与基因治疗创新药物研发。杭州启涵生物由美国 George Church 教授和合成生物学家杨璐菡博士共同创立，致力于生产可用于人体移植的细胞、组织和器官，解决器官移植供体严重短缺的问题。

（1）北京合生基因科技有限公司

北京合生基因科技有限公司（以下简称合生基因）成立于 2014 年，是国内领先的合成生物技术在生物医药和生命健康领域应用的国家级高新技术企业，专注于基于合成生物技术的基因与细胞治疗药物研发及科研与临床服务，其提供的服务和产品包括高通量基因功能筛查、药物抗性筛选服务、CRISPR-Cas9 载体设计等。与此同时，合生基因还专注于面向生物医药方向的合成生物新技术开发，用于个性化基因检测、药物靶标筛选，以及治疗肿瘤与癌症的新技术途径。

合生基因基于自身团队与技术优势，逐步搭建智能靶向肿瘤基因治疗药物平台、基因治疗药物工艺开发平台、基因治疗药物转化医学平台、合成生物技术服务平台。合生基因紧跟世界前沿，正逐步成为一家以合成生物技术与信息技术为底盘，集生物药物新品种研发、工艺研究、临床实验管理、创新技术服务于一体的合成生物技术创新与研发的企业，为解决恶性肿瘤、治疗遗传疾病作出深远贡献。通过对基础科研的高度重视和持续投入，合生基因将合成基因线路调控活体药物技术成功转化为丰富的研发管线，通过合成生物技术改造溶瘤腺病毒。合生基因推出的产品管线主要针对肝癌、胃癌、胰腺癌等中国及亚太地区高发的实体瘤种。合生基因已推出智能靶向原发性肝癌（HCC）的溶瘤病毒药物——SynOV1.1，大幅度提高肝癌靶向性、治疗效果和安全性。为更好地服务产业，合生基因在合成生物产业链上下游设立了分公司，提供相关科研服务，与200余家临床科室及课题组和100余家三甲医院开展紧密合作。

合生基因于2017年完成由荷塘创投领投的4400万元A轮融资，仅一年后再次完成由君岳共享投资的5000万Pre-B轮融资，并成功研发SynOV平台，开设抗肿瘤药物产品管线。合生基因参与创立位于北京中关村生命科学产业园区内的北京荷塘生华医疗科技有限公司（以下简称荷塘生华），筹备建设符合中美欧监管要求的细胞与基因治疗工艺研究与中试生产基地。荷塘生华面向合生基因和全球提供工艺研究和早期临床产品生产（CDMO）服务以及创新产业孵化服务。自此，合生基因同时拥有药物创新的科研源泉和标准化生产平台，将加快溶瘤腺病毒基因药物的研发、临床前研究和临床研究。

incoPat专利信息数据库显示，截至2023年12月，合生基因目前共有21件有效专利。2017年专利申请数量为11件，而后几年保持在每年2~3件的水平（见图4-17）。从技术分支来看，C12N、A61K、A61P是主要的技术分支，相关专利申请分别有18件、15件和13件（见图4-18）。

（件）

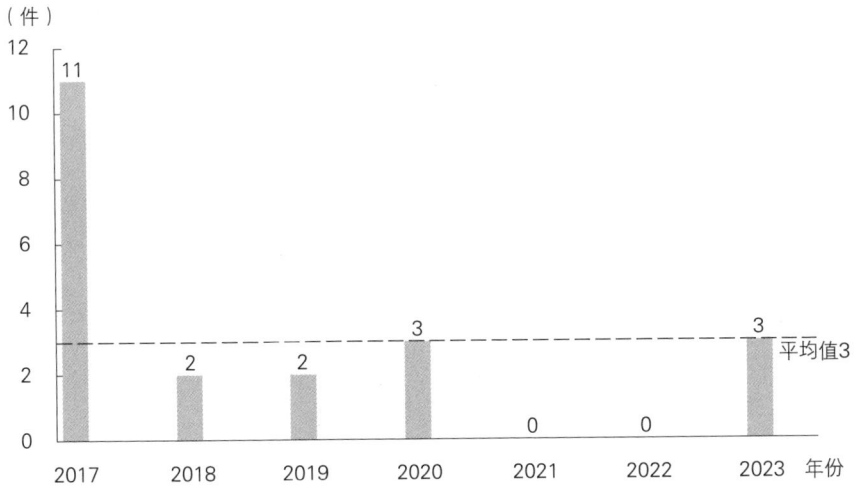

图 4-17　2017—2023 年合生基因专利申请情况

数据来源：incoPat 专利信息数据库

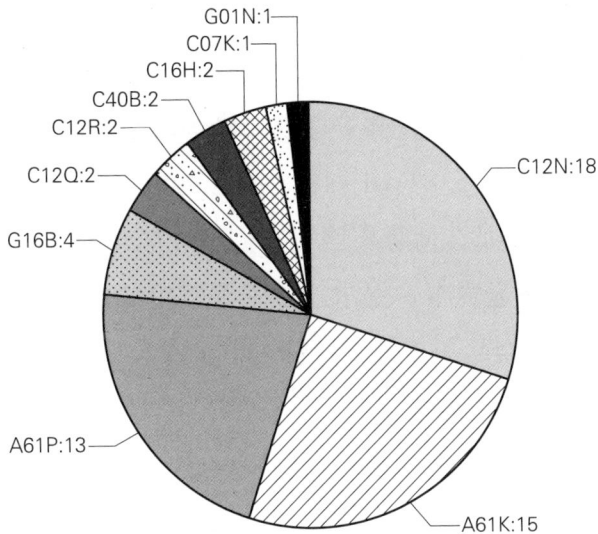

图 4-18　合生基因专利技术方向分布

数据来源：incoPat 专利信息数据库

（2）博雅辑因（北京）生物科技有限公司

博雅辑因（北京）生物科技有限公司（以下简称博雅辑因）成立于2015年，总部位于北京，在广州、上海以及美国马萨诸塞州剑桥市均设有分公司，是一家专注于基因编辑技术转化、处于临床阶段的全球性生物医药企业，致力于研发针对难以根治的遗传病和癌症的创新疗法。其主要发展阶段如下：2015—2017年初创起步，探索基因编辑在生物医药领域的应用；2018—2020年推进转化，从实验室到临床将基因编辑技术转化为创新疗法；2021年起全面发展，迈向国际化、产业化的全新发展阶段。

博雅辑因打造了以基因编辑技术为基础的四大平台：体外疗法——造血干细胞平台、体外疗法——通用型CAR-T平台、体内疗法——RNA碱基编辑平台和高通量基因组编辑筛选——新药研发平台。该公司在广州建立了国内首个GMP级别基因编辑临床应用中心，已具备大规模临床级别细胞治疗产品生产能力，锻造出完整、高效、稳定的生产能力和质量管理体系，得到国际认可。目前，该公司四大平台的研究项目正在稳步推进，其中，进展最快的是体外疗法的针对输血依赖型 β 地中海贫血的 ET-01 和针对癌症的异体 CAR-T ET-02。

2021年4月21日，博雅辑因宣布完成4亿元的B+轮融资，由正心谷资本领投，博远资本、夏尔巴投资等跟投，公司既有投资者IDG资本、礼来亚洲基金、三正健康投资、华盖资本、红杉资本中国基金、雅惠投资、昆仑资本等跟投。

incoPat专利信息数据库显示，截至2023年12月，博雅辑因共有179条有效专利。2020年、2021年是博雅辑因创新活跃度较高的时期，专利申请数量分别达到62件和46件（见图4-19）。博雅辑因主要技术分支如图4-20所示，可以看出C12N、A61K、A61P是其主要的技术分支，分别有相关专利164件、104件和70件。

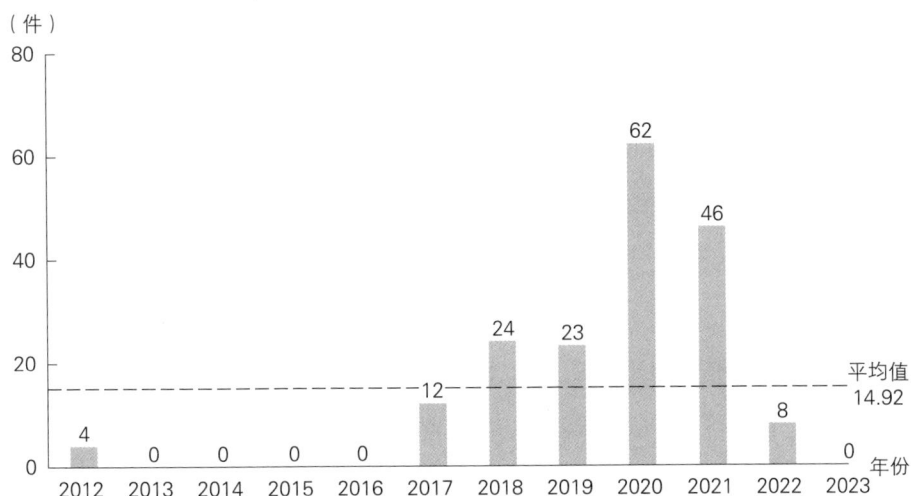

图 4-19　2012—2023 年博雅辑因专利申请情况

数据来源：incoPat 专利信息数据库

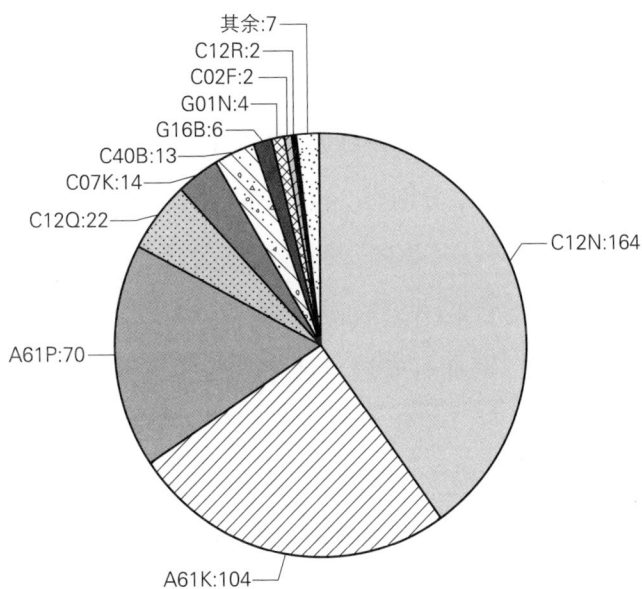

图 4-20　博雅辑因专利技术方向分布

数据来源：incoPat 专利信息数据库

（3）杭州启函生物科技有限公司

杭州启函生物科技有限公司（以下简称启函生物）由两位基因组编辑技术先驱于 2017 年共同创立，在多重基因组编辑方面拥有世界领先能力，并在免疫屏蔽方面拥有丰富经验，将这些工具应用于人类干细胞和动物生殖细胞，以提供新的免疫特权细胞和器官疗法。公司使命在于运用领先的高通量基因编辑技术，结合移植免疫学的专业知识，创造出具有免疫学优势的同种异体细胞和异种器官疗法，用于治疗癌症、器官衰竭和其他重要医学病症。

2023 年 7 月，启函生物首款产品 QN-019a 在中国获批，标志着启函生物正式迈入临床阶段；2023 年 9 月，启函生物宣布完成超亿元 Pre-B 轮融资，用于支持该公司未来 4~5 年基因编辑产品的快速迭代和全球开发。

incoPat 专利信息数据库显示，截至 2023 年 12 月，启函生物共有 27 条有效专利。从 2020 年开始申请专利，且逐年产生新的专利成果。2022 年共申请了 12 件专利（见图 4-21）。启函生物主要技术分支有 C12N、A61K、A61P，专利申请量分别有 24 件、14 件和 8 件（见图 4-22）。

（4）弈柯莱生物科技（集团）股份有限公司

弈柯莱生物科技（集团）股份有限公司（以下简称弈柯莱生物）成立于 2015 年，是一家拥有先进合成生物技术的生物智造企业，主要从事合成生物技术研发，并致力于将其应用于规模化生产。目前弈柯莱生物已经建立了规模庞大的生物资源工程库平台，在生物合成、高性能细胞工厂设计创制以及产品规模化生产方面积累了丰富经验。弈柯莱生物已经成功将合成生物技术广泛应用于生物医药、绿色农业、生命健康等领域，是目前国内外合成生物技术产业化进展迅速的企业之一。

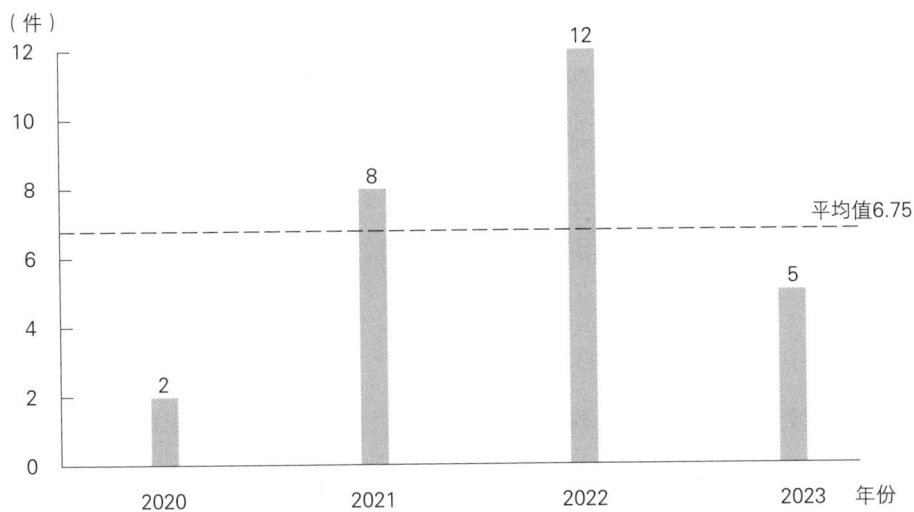

图 4-21　2020—2023 年启函生物专利申请情况

数据来源：incoPat 专利信息数据库

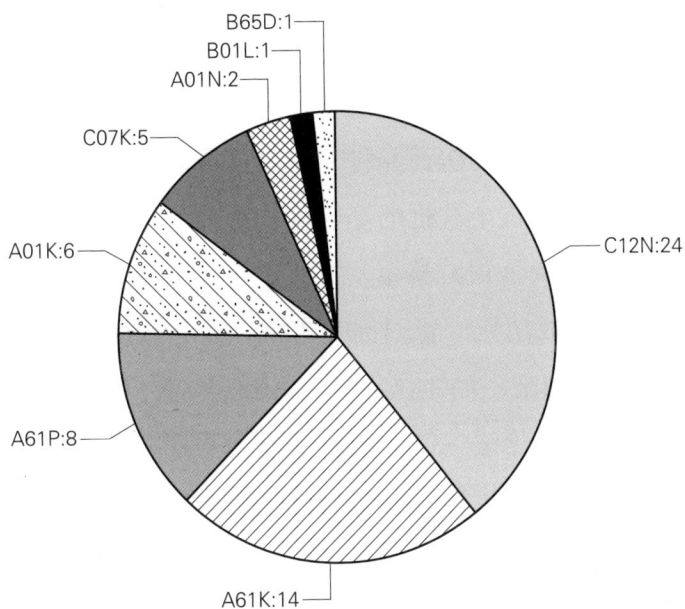

图 4-22　启函生物专利技术方向分布

数据来源：incoPat 专利信息数据库

弈柯莱生物总部和研发中心位于上海市闵行区，同时拥有浙江台州和重庆两个生产基地。弈柯莱生物秉承"研发先行、产业化夯实、商业化导向"的理念，在不断加大研发投入的同时，也在快速推进产业化的进程。截至目前，公司已完成近 15 亿元融资。弈柯莱生物不仅是"上海市专利试点企业""上海市高新技术企业""上海市企业技术中心"，而且被认定为国家级专精特新"小巨人"企业，2023 年以来连续两年进入"上海市重点服务独角兽（潜力）企业"榜单，还在 2022 年进入国际权威科技媒体《麻省理工科技评论》"50 家聪明公司"权威榜单。此外，公司近三年间承担了四项国家级重大科研项目，已获得与主要产品有关的核心知识产权总计 59 项，其中发明专利 58 项、软件著作权 1 项。

弈柯莱生物当前布局的生物医药及生命健康领域中，已有多款技术创新产品开创了国内首家申报和首家获批的先例。该公司与通化东宝联合协作的西格列汀仿制药于 2021 年获国家药品监督管理局药品审评中心（CDE）批准临床。该药物不仅是 CDE 近年来批复的首个使用非水解酶类生物合成的医药品种，也是《推动原料药产业绿色发展的指导意见》发布后首个获批的基于生物合成的医药品种。弈柯莱生物与蒙牛集团的合资公司虹摹生物开发的 2′– 岩藻糖基乳糖（2′FL）也在 2023 年 10 月成功获国家卫健委审批，成为我国首批母乳低聚糖（HMO）获批企业中唯一的中国企业。2024 年初，弈柯莱生物高端甜味剂甜菊糖苷（酶转化法）已通过国家卫健委批准作为食品添加剂应用于食品领域，弈柯莱生物获批全国首张甜菊糖苷（酶转化法）食品生产许可证。

3. 未来食品

高级细胞工厂及人工合成菌群等将有利于推动未来食品的理性设计和绿色制造，促进未来食品产业发展。未来食品包括乳清蛋白、卵蛋白、微生物蛋白、昆虫蛋白等；食品成分包括油脂、糖、淀粉等。近年来，替代蛋白产业持续利好，相关技术发展迅速，消费市场持续扩大。替代蛋白根据原料不同可分为微生物蛋白、细胞培养蛋白、植物蛋白和昆虫蛋白等。发展细胞工厂，生产替代蛋白，开展相关领域的研究和产业化工作，拓宽肉类产业的边界，并为传统肉类寻找合理的补充，是当前满足全球食品有效供给与安全保障、营养与健康改善需求持续增长等需求的重要方案之一。

　　就微生物蛋白而言，微生物发酵合成蛋白效率是传统养殖业的上千倍，能够显著提升蛋白生产效率并降低二氧化碳排放。预计未来 15 年内，微生物合成的替代蛋白产品将占据约 22% 的全球食用蛋白市场份额，产业规模将达到 2900 亿美元左右。国外微生物蛋白已在 18 个国家获得上市许可，有超过 80 家公司从事微生物蛋白开发生产，其原料转化效率高，具有系统的智能仿真理论指导生产，产品拟真度大于 80%。国内目前仅开发了初级细胞工厂，未获得产品许可，生产成本较高，拟真度不够。对于细胞培养蛋白而言，通过动物细胞培养获得的细胞培养肉与真肉结构更为相似，其市场潜力巨大，受到广泛关注。当前，利用成肌干细胞生产细胞培养肉的研究取得较大进展，2013 年成立的 Mosa Meat 公司首次实现了在实验室水平制作出可食用的牛肉饼，2021 年以色列 FMT 公司建成世界首个细胞培养肉工厂。然而，国内外发展细胞培养肉均受到优质畜禽种子细胞系资源匮乏、种子细胞库尚未建成等现实因素的限制。目前，国内构建的细胞培养肉种子细胞库尚处于实验室阶段，无法满足工业生产应用要求，且缺少干细胞干性维持技术，无血清培养尚不能满足规模化生产要求。就植物蛋白而言，植物基食品的工业化生产可以在很大程度上减少动物性食品消费，有效缓解动物性食品生产导致的资源、环境、健康等方面的压力。目前，欧美等国家和地区已出现谷氨酰胺酶、谷氨酰胺转氨酶、脂肪模拟物、血红肌红蛋白等植物蛋白肉加工酶和配料的生产企业。我国相关产业起步较晚，缺少前期研究，但是前期具有一定基础。限制昆虫蛋白开发的因素主要包括食品安全性、加工技术以及消费者接受度，目前昆虫蛋白产业参与者并不多，在国内更是处于起步阶段。

（1）上海昌进生物科技有限公司

上海昌进生物科技有限公司（以下简称昌进生物）成立于2017年，2021年启动微生物合成蛋白研发工作，2024年在完成各项基础研发和生产验证后，开始微生物合成蛋白的生物制造。微生物蛋白制造可以不通过植物种植、动物养殖，利用更少的资源产出更多的蛋白质来源，是一种高效、无污染、颠覆性的蛋白生产方式，具有突出的技术优势和极高的战略价值。发展微生物蛋白制造已成为世界主要大国纷纷加码布局的"新赛道"，也是我国践行大食物观、促进全民营养健康和可持续发展的战略选择。昌进生物由北京大学原校长许智宏院士倡议发起并进行指导，研发团队由数十位博导、博士、硕士组成，覆盖了多个合成生物研究领域，是合成生物食品创新生物制造全球领先的企业之一。公司总部和研发中心位于上海张江科学城，产业化示范基地位于青岛上合示范区，已建设6条45吨罐产线的配套及辅助设施，其中2条45吨罐完全建成并投产，上述6条产线建成后可形成年产1万吨微生物蛋白食品的生产规模。昌进生物计划在未来3年内，在技术创新高地建设功能蛋白生物制造中心，在能源价格洼地建设规模化大宗蛋白生物制造基地。

产品管线一：微生物合成食用蛋白。昌进生物通过多组学数据解析微生物蛋白生成机制，以诱变进化和高通量筛选等方法建立育种筛选体系，选育出高产食用蛋白专有菌株，在可食用微生物合成蛋白领域，培养周期、蛋白转化效率等方面均达到国际领先水平。对比全球同类制造企业，昌进生物在以下方面具有显著优势：碳源（以葡萄糖计）—蛋白转化效率提高50%~200%；蛋白合成速率提高25%以上；

发酵周期缩短 25% 以上。昌进生物微生物合成蛋白已在国内获得食品生产许可证，预计 2024 年第三季度获得美国食品药品监督管理局（FDA）试销准入、2025 年初获得美国正式准入，2025 年末获得欧盟正式准入。公司将微生物合成蛋白在奶油、奶酪、饼干、面食等领域进行了一系列应用开发，部分产品已投放市场。

产品管线二：生物合成食用功能蛋白。昌进生物对可食用微生物的基因组学、转录组学、代谢组学进行分析，形成多维度的底盘元件库和模块化蛋白合成体系。实现多类哺乳动物乳清蛋白成功合成，生产效率达到产业化门槛，并实现多类功能蛋白成功合成，如人源胶原蛋白、甜味蛋白、功能蛋白肽、乳铁蛋白等。昌进生物在全球首次实现利用可食用微生物合成乳蛋白；建立乙醇合成蛋白体系；实现低成本、高纯度食用蛋白的合成。合成乳清蛋白预计 2024 年第四季度获得美国试销准入，2025 年获得美国 FDA 正式准入，并有望获得国内准入。特殊功能合成蛋白计划于 2024 年在中国、美国进行申报，有望于 2026 年获得批准。

（2）CellX

CellX 成立于 2020 年，是一家位于上海张江的生物科技创业公司，致力于通过开发先进的细胞培养工艺，运用前沿的组织工程技术，跳过作为载体的动物，为中国消费者提供可持续的动物蛋白来源。

2020 年，CellX 完成了数千万元的种子轮与天使轮融资，投资方包含真格基金、Lever VC、云九资本和险峰长青等。2021 年 7 月，CellX 还作为唯一的中国团队，入围美国科技竞赛平台 XPRIZE 发起的"养活下一个十亿人"挑战的半决赛。作为中国本土企业，CellX 希望通过自主研发细胞培养肉技术，满足未来国人的动物蛋白需求，保障国家粮食安全，加速我国低碳经济转型，助力碳中和目标的实现，在未来为大众提供更健康、美味、营养的肉类食品。

incoPat 专利信息数据库显示，截至 2023 年 12 月，CellX 公司总计申请 20 件专利。2021 年申请了 3 件专利，2022 年均申请了 17 件专利（见图 4-23）；技术分支集中在 C12N、A23J 方向（见图 4-24）。

（3）南京周子未来食品科技有限公司

南京周子未来食品科技有限公司（以下简称周子未来）成立于 2019 年。公司首席科学家、国际食品科学院院士、南京农业大学周光宏教授带领他的团队从 2009 年开始进行干细胞成肌诱导分化研究，2019 年建立了培养肉生产技术体系，研发出含 10 种辅助因子的无血清培养条件，发明了含微柱阵列的培养肉生产模具；2019 年 11 月，周子未来研发出我国第一块细胞培养肉，打破国外培养肉生产技术的垄断。周子未来 CEO、联合创始人丁世杰博士作为核心研发人员成功研制出我国第一块细胞培养肉产品。2023 年 4 月，细胞培养肉企业周子未来宣布完成数千万元人民币的 A+ 轮融资，本轮融资由启明创投独家投资。本次投资将助力周子未来落地细胞培养肉千升级规模的中试工厂。预计在 2024—2025 年，周子未来将收获具有市场竞争力的细胞培养肉产品。周子未来将不断优化和生产低成本无血清培养基，建设核心细胞培养肉产品的中试生产线，加快核心培养肉产品的安全性审批等相关事项，加速实现产品研发。

incoPat 专利信息数据库显示，截至 2023 年 12 月，周子未来总计申请 18 件专利。从总体上看，专利申请量呈增长趋势，其中 2022 年专利申请数量最多，为 11 件（见图 4-25）。在企业专利申请数量最高的 10 个技术分支中，技术分支 C12N、A23L 等占比较为靠前，是现阶段周子未来的重点技术研发领域和专利布局方向（见图 4-26）。

（件）

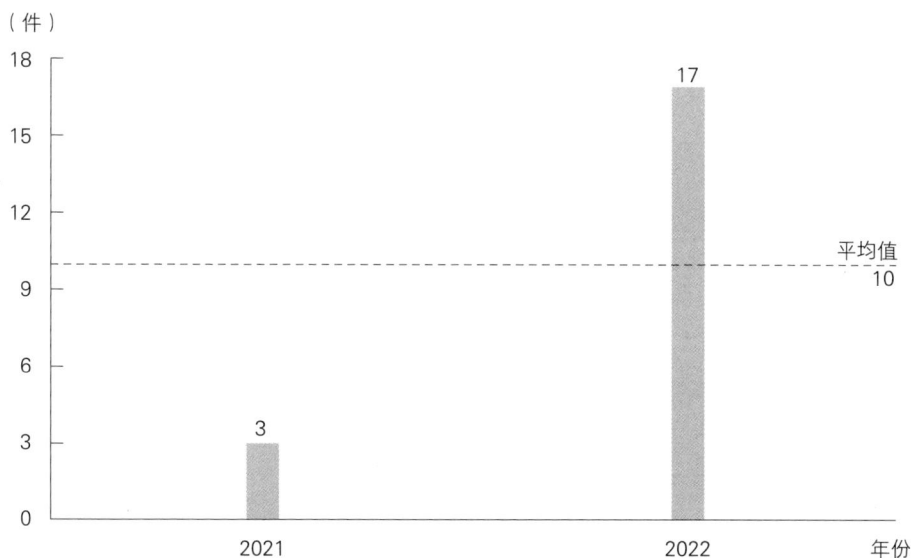

图 4-23　2021 年、2022 年 CellX 专利申请情况

数据来源：incoPat 专利信息数据库

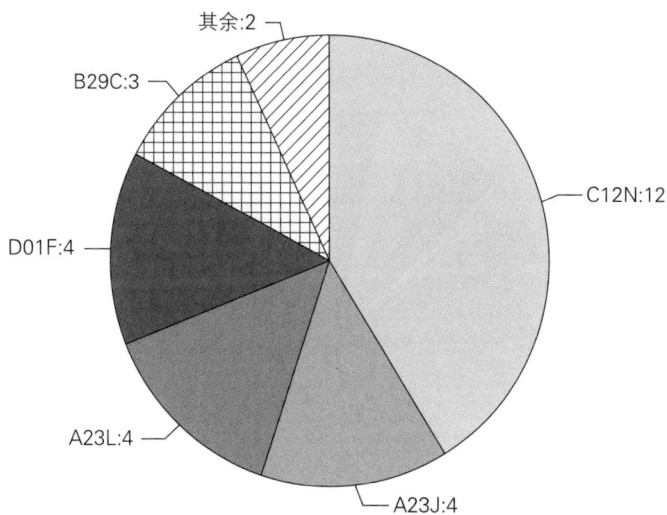

图 4-24　CellX 专利技术方向分布

数据来源：incoPat 专利信息数据库

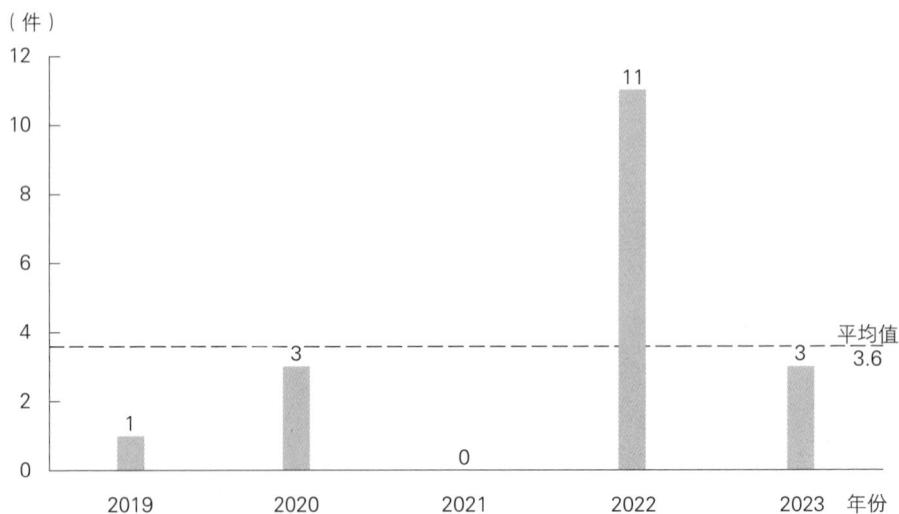

图 4-25　2019—2023 年周子未来专利申请情况

数据来源：incoPat 专利信息数据库

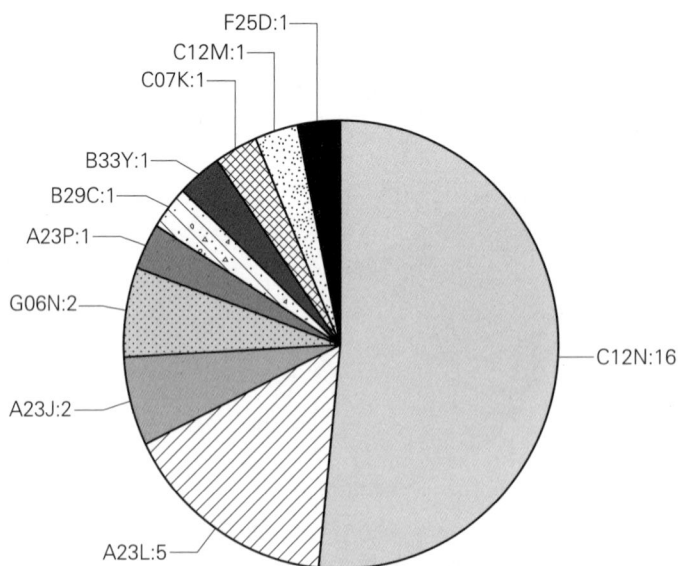

图 4-26　周子未来专利技术方向分布

数据来源：incoPat 专利信息数据库

（4）倍生生物科技（深圳）有限公司

倍生生物科技（深圳）有限公司（以下简称倍生生物）成立于2019年，是一家软件化的物种设计、生物制造和生物技术生态公司。倍生生物致力于软件工程化物种设计，充分发挥生物软硬件的自复制性和拓展性，建立模块化基因组代码库、快速迭代平台，彻底解锁生物产业生产力。自研管线，尤其是食品饮料以及日用化学，是倍生生物早期布局的主要产业化方向。倍生生物的产品是满足特定工业目的的人造物种库及相关管线，重点关注食品、日化产品、蛋白药物研发。前期，通过核心代谢网络的软件化设计，孵化精酿啤酒、发酵苏打饮料、高附加值体外诊断试剂、日化品等管线；中后期，专注于蛋白质修饰和折叠系统软件化设计，孵化蛋白药物管线；长期目标是搭建基于模块化物种软硬件一体架构的完整生物技术生态。

incoPat专利信息数据库显示，截至2023年12月，倍生生物总计申请6件专利。2021年专利申请数量最多，为4件（见图4-27）。在企业专利

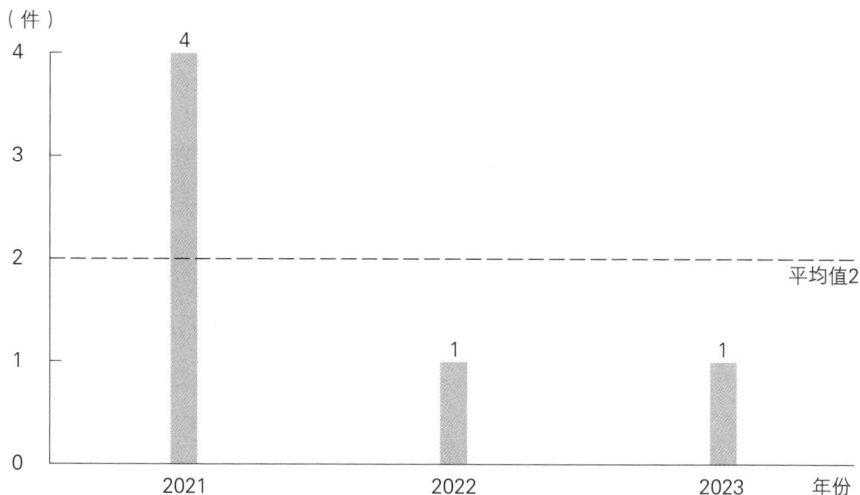

图4-27　2021—2023年倍生生物专利申请情况

数据来源：incoPat专利信息数据库

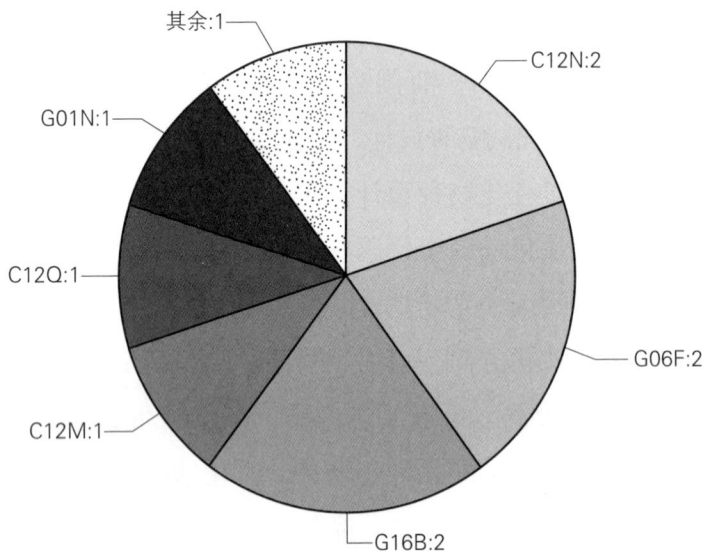

图 4-28　倍生生物专利技术方向分布

数据来源：incoPat 专利信息数据库

申请数量最高的 7 个技术分支中，C12N、G06F、G16B 占比最大，是现阶段倍生生物的重点技术研发领域和专利布局方向（见图 4-28）。

（四）其他应用领域分析

1. 农业应用

合成生物技术在农业与食品领域的应用主要包括抗干旱（抗盐碱）、高效固氮 / 光合作物、农作物基因编辑育种、人工替代蛋白及新型合成食品、健康养殖及农用制剂等方向。合成生物技术在农业领域的应用主要包括高效抗逆和抗病农作物人工设计、高效固氮体系构建、高效光合途径改造、农作物基因编辑育种、健康养殖、农用制剂创制等。

在作物增产领域，目前的研发方向主要为植物作物增产和牲畜增产。美国公司 Pivot Bio 已经率先研发出针对玉米作物的微生物固氮产品，该产品可以促使特定的微生物在作物根部释放氮，满足作物日常氮需求。美国公司 Agrivida 正在开发新一代的酶解决方案，满足动物营养和健康的需求，首款产品 Grain 酵素植酸酶可以提高动物饲料的消化率，减少动物体内的营养抑制剂，从而使畜牧养殖业受益。在虫害防治领域，美国公司 AgBiome 致力于将微生物群落用于植物遗传性状分析和生物农药研制，开发新型农作物保护产品。英国公司 Oxitec 主要通过对害虫的基因进行改造，并通过之后的虫际传播来控制和减少害虫，从而避免害虫传播疾病和毁坏农作物。在饲料产品领域，美国公司 Calysta 正在利用天然气和微生物发酵生产蛋白饲料，该产品可用于鱼类、牲畜及宠物营养的蛋白替代，已经在多个国家获得批准使用。在作物改良领域，美国 Apeel Sciences 公司开发了植物衍生的保质期延长技术，用于新鲜农产品，延长了农产品保质时间。我国合成生物技术在农业应用领域仍处于初步发展阶段。

（1）苏州聚维元创生物科技有限公司

苏州聚维元创生物科技有限公司（以下简称聚维元创）成立于 2019年，其研发中心坐落于苏州工业园生物医药集聚区，是国际领先的以秸秆糖为基础的合成生物技术应用开发平台企业。聚维元创由哈佛大学、清华大学、麻省理工学院、耶鲁大学、达特茅斯学院等海内外一流名校人才组成，集研发、生产、销售、服务为一体，通过创新生物发酵工艺技术，高效生产各类高价值营养型微生物、功能型微生物、材料微生物。该公司产品应用领域包括新型材料、动物营养、动物健康、现代农业、现代渔业、碳中和等，在江苏、山东等地均设有全资子公司。

incoPat 专利信息数据库显示，截至 2023 年 12 月，聚维元创总计申请 44 件专利。从总体上看，专利申请量呈增长趋势，其中 2022 年专利申请数量最多，为 17 件（见图 4-29）。在企业专利申请数量最高的 11 个技术分支中，C12N、C12R、C12P 占比较大，是现阶段聚维元创的重点技术研发领域和专利布局方向（见图 4-30）。

（件）

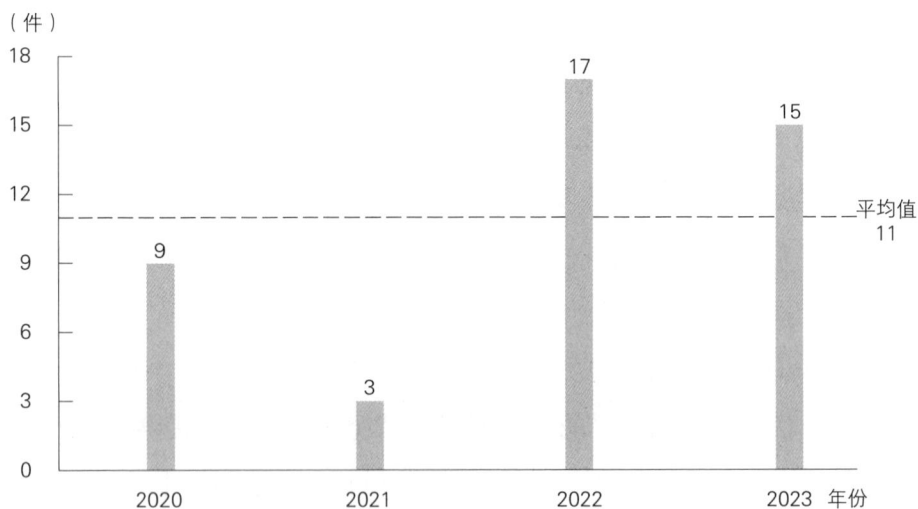

图 4-29 2020—2023 年聚维元创专利申请情况

数据来源：incoPat 专利信息数据库

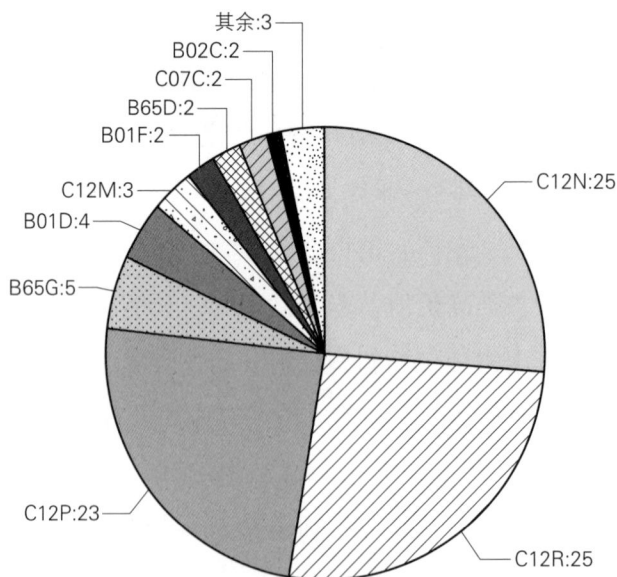

图 4-30 聚维元创专利技术方向分布

数据来源：incoPat 专利信息数据库

（2）齐禾生科生物科技有限公司

齐禾生科生物科技有限公司（以下简称齐禾生科）成立于2021年，主要致力于开发自主可控的新型精准基因编辑技术及创制卓越生物性状。公司构建了高效率、高通量、可持续学习的SEEDIT™生物技术及性状工程平台，建立了全球领先的技术优势。齐禾生科旨在成为植物基因编辑行业的领导者，致力于打造可持续农业，解决全球粮食危机问题。齐禾生科勇于挑战科学研究领域最前沿，与研究人员、农民和其他行业利益相关者合作，共同推动全球农业产生积极变化。

incoPat专利信息数据库显示，截至2023年12月，齐禾生科总计申请64件专利（见图4-31）。在企业专利申请数量最高的6个技术分支中，C12N、A01H为占比排前两位的技术类别，是现阶段齐禾生科的重点技术研发领域和专利布局方向（见图4-32）。

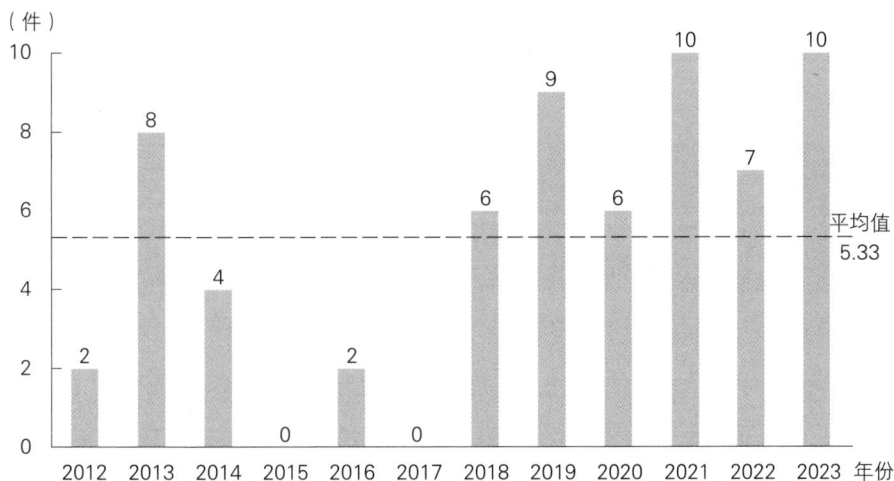

图4-31　2012—2023年齐禾生科专利申请情况

数据来源：incoPat专利信息数据库

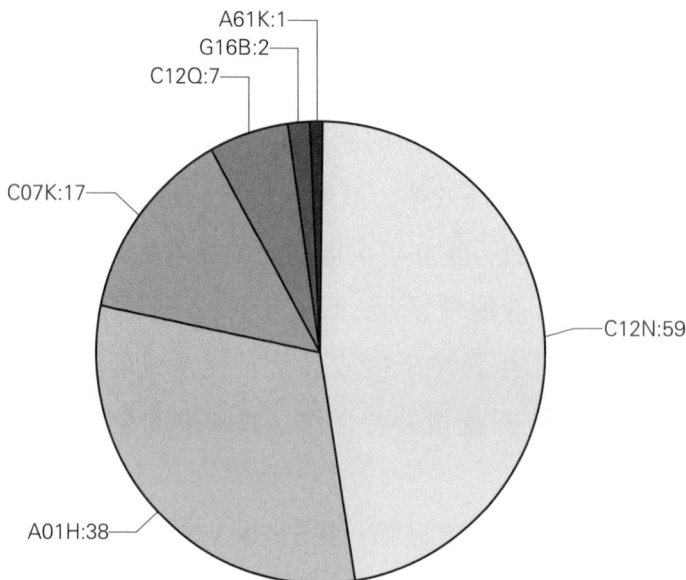

图 4-32 齐禾生科专利技术方向分布

数据来源：incoPat 专利信息数据库

　　合成生物技术有望为农业"老三篇"问题（抗逆、光合、固氮）和新种质创制提供更有效的解决方案，助力应对全球粮食危机。

　　2. 环境应用

环境生物技术主要包括环境生物监测、污染物生物降解以及环境生物治理等。合成生物技术具备定制化、模块化的优势，可以解决传统环境生物技术菌种选育周期长、定向性差、优势性状不稳定等问题。合成生物技术可通过"元件创制—线路组装—体系重构"的研究策略，构建智能、高效、安全的合成生物个体或多细胞体系，用于传统污染物（如多环芳烃、农药等）和新污染物（如药物、雌激素等）的监测、降解和治理。合成生物技术结合污染场景的实际需求和瓶颈问题，提供定制化的解决方案，实现自动化、高通量的环境监测及污染物变危为安、变废为宝的无害化处理，推动相关应用领域的技术变革，为绿色经济提供新的发展动力。合成生物技术在环境领域的应用主要包括环境生物监测、污染物生物降解、环境生物治理等。

合成生物技术为环境生物技术的变革提供了新的契机。但鉴于环境污染物的多样性、顽固性和应用场景的复杂性，合成生物技术在环境领域的应用，一方面仍存在技术瓶颈，另一方面还需重视环境释放等安全性问题。针对难降解、毒性污染物聚集等特点，定制降解微生物制剂，可为生物修复提供新的解决方案。提高合成生物产品对实际场地的抗逆能力，将提升其在实际修复中的效能。通过自限系统或材料偶联等方法，降低合成生物逃逸能力，确保生物安全性，突破合成生物从实验室水平走向应用水平的瓶颈。

3. 合成生物技术创新应用

DNA 存储和生物传感被认为是生物技术与信息技术交叉的典型。当今社会，大数据具有巨大的商业价值，但存储是大数据创造价值的瓶颈。随着 DNA 测序与合成技术的迅速发展，DNA 存储被认为是具有颠覆性潜力的新型数字信息存储方法，可用于实现海量数据的长效存储。要实现 DNA 存储，在信息写入方面需要重点关注比特—碱基的转换效率、信息密度以及数据写入（合成）的准确性等；在信息读取方面，需要重点关注纠错、解码速度、解码准确性等；在信息保存方面，需要注重数据在长期保存和极端条件下的数据恢复稳定性等；在信息操控方面，需要重点关注分子生物学、纳米科学在 DNA 存储体系下的功能应用。

生物传感是实现生物数据采集乃至健康医疗物联网的重要手段，合成生物技术的引入将实现生物传感新的赋能。发展活细胞多维度分子生物传感、快速超灵敏生物传感、可穿戴智能生物传感技术等，将为生命科学研究、疾病诊疗、生物制造过程控制、环境污染现场监测等提供先进工具。合成生物技术为生物传感技术赋能体现在两个方面：一是多个生物敏感元件的集成运用，实现多参数测定；二是生物敏感元件的智能设计与改造，构建稳定性好、超灵敏、适应不同应用场景的生物传感系统。合成生物的研究对象为多基因调控的时空动态复杂体系，适于发展新型多功能的生物传感技术，需要重点关注生命组学技术和疾病诊断等实际应用场景。

在航天科学方面，向地外空间拓展具有重要的战略意义。地外空间环境严苛，是否存在生命尚无定论，微生物最有可能成为未来人类向地外空间拓展的生命先锋。地球生境中存在与火星等地外行星相似的极端条件，依托该条件，构建具有地外生存及拓荒功能的先锋微生物和合成微生物组，有助于为人类向地外空间拓展提供理论基础和储备科技能力。同时，可以从现有地球极端微生物出发，构建地外微生物，系统搭建有关装备和技术体系，并重点探索二氧化碳固定新途径。

（1）苏州泓迅生物科技股份有限公司

苏州泓迅生物科技股份有限公司专注于 DNA 技术，具有近 50 年的合成生物领域经验。该公司提供 DNA "设计—创建—应用"一体化解决方案，业务范围涵盖序列智能设计、引物/探针合成、基因合成、RNA 合成、文库合成、重组抗体及蛋白表达、DNA 测序、基因编辑等。该公司已建立起从寡核苷酸、DNA 片段到染色体/基因组合成和构建的完整的合成生物技术平台，掌握了全球最先进的以芯片 DNA 合成为核心的高通量、低成本的新一代合成生物技术平台 Syno®3.0，可以大幅度降低 DNA 合成的生产成本。

（2）上海迪赢生物科技有限公司

上海迪赢生物科技有限公司是一家致力于合成生物技术研发及应

用的创新型高科技公司，也是国内能商业化完成超高通量新一代 DNA 合成的企业。该公司致力于新一代核酸合成，为合成生物学、分子诊断原料和生物医药工具等领域提供有力支持。该公司成功开发出 3D 喷墨打印超高通量原位 DNA 合成平台，实现了国内该领域零的突破。该公司完成了多项底层合成技术突破和创新，提供高通量引物单条独立式合成平台，产量可控制在皮摩尔（pmol）测试级到纳摩尔（nmol）量产级不等，通量高且成本降至传统合成的一半，单次合成通量高至 6k。

四、新一代信息技术赋能合成生物

人工智能（AI）的兴起，为生命科学研究提供了新的范式。AI 基于大数据、算法和机器学习，应用于生命科学，其中具有变革性的例子是对蛋白质结构的预测，未来 AI 能够进一步赋能生物制造。

（一）计算机辅助基因线路构建

基于计算机辅助系统的逻辑线路构建，加快了合成生物技术标准化、特征化和自动化的实现。2016 年，麻省理工学院 Christopher Voigt 团队发表了基于端到端计算机辅助设计的 Cello 系统，用于在大肠杆菌中构建逻辑电路，通过标准化、特征化和自动化设计实现生物化的工程化改造，可以更优地编写、构建、编辑和共享 DNA 代码。Voigt 团队的系列工作为合成生物领域提供了众多元件的设计算法，同时开发了多样的元件库，并提供详细的表征数据。高性能计算为建模和预测开辟了新的领域。华盛顿大学 David Baker 团队开展系列工作，在蛋白质理性设计方面取得突飞猛进的进展。2018 年，该团队首次完全从头开始构建出能够结合一种被称作 DFHBI 的荧光化合物的 β - 桶状膜蛋白，其可以高精准和高亲和力地结合并作用于特定的小分子靶标上。随后，该团队从头设计了自组装螺旋状蛋白质细丝，不仅能够更好地理解天然蛋白质细丝的结构和力学，同时还能创造出与自然界中的物质完全不同的全新材料。理性设计蛋白纳米机器还能够协助诊断和治疗疾病，实现对细胞更精准的控制。这些工作开创了人类从头开始创建和定制复杂的跨膜蛋白的先河，使创造自然界中不存在的跨膜蛋白来完成特定任务成为可能[①]。

（二）AI 辅助蛋白预测与设计

人工智能的发展加快推动合成生物技术"理性设计"的进程。蛋白质是生命体的基本组成部分，其结构和功能对于生物体的正常运作至关重要。然而，传统的蛋白质结构测序方法耗时长且成本高昂，导致蛋白质结构预测进展十分缓慢。对于一个未知结构的蛋白质，若没有其同源蛋白质的结构，则需要通过实验来测定其结构信息。人工智能技术的发展，使蛋白质结构测序取得了重大突破，特别是 AlphaFold 算法的出现，为蛋白质结构研究带来了革命性的变革。

以谷歌 DeepMind 为代表的团队创建的 AlphaFold 在蛋白质三维结构预测方面获得巨大成功，AI 辅助的蛋白质从头设计方兴未艾，展示了数据驱动范式在生命科学研究中的巨大潜力。2020 年，AlphaFold 人工智能系统在国际比赛上基于氨基酸序列，精确地预测蛋白质的 3D 结构，其准确性可与使用冷冻电子显微镜（Cryo-EM）、核磁共振或 X 射线晶体学等实验技术解析的 3D 结构相媲美。2021 年，开发 AlphaFold 的 DeepMind 团队在《自然》杂志上分享了 AlphaFold 2 开源代码，与此同时，美国华盛顿大学等团队也在《科学》杂志上公布了新的深度学习工具 RoseTTAFold。接着 AlphaFold 2 又对人类 98.5% 的

蛋白质 3D 结构进行了高精度预测。这些进展对结构生物学技术是颠覆性的。一方面，蛋白质 3D 结构数据将呈指数型增长，从而为机器学习提供更好的数据基础，将使 AI 结构预测目前还存在的质量问题逐一被解决；另一方面，由于蛋白质结构与功能是基于细胞生物学的基本科学问题，相关进展必将对生命科学产生深远影响。2024 年 5 月，DeepMind 与 Isomorphic Labs 联合在《自然》杂志上发布蛋白质领域最新人工智能模型 AlphaFold3。这一模型能够准确预测蛋白质、DNA、RNA 以及配体等生命分子的结构及其相互作用方式，有望在未来的蛋白质结构研究中发挥更大的作用，这是继 AlphaFold2 之后的又一重大突破。

我国科研人员在这方面也开展了系列工作。中国科学院微生物研究所吴边团队将蛋白质计算机设计的前沿方法引入酶工程的研究中，促进了复杂大分子结构设计的发展。中国科学技术大学刘海燕团队采用数据驱动策略，开辟出一条全新的蛋白质从头设计路线。北京大学鲁华与邓明华团队提出一种基于图神经网络模型的方法，利用层次图转换器捕捉结构信息，可以自动而准确地推断蛋白质功能。

（三）AI 驱动合成生物制造

生物制造是以合成生物技术为核心手段，通过改造现有制造过程或利用生物质、二氧化碳等可再生原料生产能源、材料与化学品，实现原料、过程及产品绿色化的新模式。新一代生物制造由合成生物技术与人工智能合力驱动，通过对生物系统进行更大规模的改造，几乎可以生产生活所需的所有东西。生物制造所使用的生物系统，包括动物、植物、微生物或其细胞、组织、器官等生物基质，以及由酶或多酶组成的无细胞系统。随着人工智能的快速发展，其在生物大数据处理、复杂模型预测和仿真系统优化等方面展现出巨大潜力。AI 与合成生物技术的融合将大幅度提升生物工具设计创制的能力、速度、精度。AI驱动的生物制造，将推动生物制造产品规模应用迅速落地，培育生物制造新产品、新场景、新业态，加快促进产业扩容提质增效，催生新质生产力[①]。

1. 融合AI的关键核心技术与平台

一是人工智能与生物大分子新功能设计。蛋白质是生物功能的主要执行者，也是生物系统的基础构筑元件。通过研究蛋白进化—序列—结构—功能对应关系，建立满足多样化生物大分子序列编程需求的人工智能理论和方法，开发适用于生物分子语言的基础预训练大模型，发展基于机器学习、物理模型等计算技术的蛋白质元件及复合体等生物大分子设计技术，发展通用性定向进化与高效筛选技术及后修饰技术，实现智能、稳健、高效的定制化人工蛋白质元件设计和高效筛选及功能拓展，以满足生物群系设计的迫切需求，为绿色生物制造和合成生物产业发展提供核心元件和技术支撑。形成高通量、自动化、数字化的蛋白质元件挖掘、设计、构建、测试、解析、建模、修饰等技术能力。构建高质量、标准化刚性蛋白质骨架库和催化元件表征数据库，突破现有序列到结构的理论架构，建立非天然氨基酸引入修饰技术，拓展蛋白序列自然空间，发展蛋白质元件计算设计新理论、新算法，实现蛋白质序列到功能的端对端设计，推动RNA药物、基因治疗、生物制造等相关领域的创新发展。

二是基于人工智能的生命系统设计与制造设施。基于全自动合成生物研究设施，进一步建设自主发现、数据知识、自主实验三大平台，完成人工智能完全自主开展假设提出、实验设计、模式识别、理论推导等科学研究活动。突破数据驱动机器科学家、知识自主归集发现、

---

① 刘陈立、张先恩、傅雄飞等：《合成生物学发展与展望》，《前进论坛》，2024年第4期。

实验自主设计执行等关键共性技术，扩展研究复杂生物系统能力。设施建成后，将实现核心算法、装备、平台全部国产可控，推动生命功能涌现的新原理、新知识被发现，综合研发效率提升 100 倍以上，标准化合成生物数据产能占全世界 30% 以上，规模化产出微生物、动植物等工程种质资源和应用工艺过程，服务医药、食品、新材料、可持续发展等国家战略需求，催生未来科技革命。

三是自动化和智能化高通量菌种筛选平台。聚焦国家经济安全风险高、产业带动性强、附加值高的重点菌种领域开展集中攻关，包括医药、能源、材料、精细化工、食品等，全面提升我国核心菌种创制能力和工艺水平，突破数字细胞、DNA 合成、基因组编辑、蛋白质理性设计、通用底盘细胞设计、高通量筛选、分子识别传感、过程智能控制等共性技术。开发国产化、高精度的筛选和检测设备，收集不同反应体系中真实、可靠的实验数据（包括基因型与表型相关的组学数据、实验过程参数等多维度数据）。通过数学建模和深度机器学习，抓取内在的决定性因子，构建可靠的评价模型，使不同反应体系之间具有较高的关联性，甚至缩减逐级放大步骤，提高设计精准性和预测可靠率。形成自主可控、AI 赋能、DBTL 自动化、高效闭环的高通量筛选平台。

2. AI 赋能合成生物技术创新应用

一是工业生物制造。以生物技术为工具进行物质加工与合成的生产方式，具有清洁、高效、可再生等特点，能够减少工业经济对生态环境的影响，重塑碳基物质文明发展模式，触发新产业变革，引领新产业模式和经济形态。AI 赋能的合成生物技术正成为生物制造及全球再工业化的重要驱动力。其以打造生物经济为核心，重点突破工业底盘细胞设计、合成、调控与优化等关键核心技术体系，在高性能工业酶、精细与特种化学品、大宗可再生化工产品、生物基可降解新材料、天然产物、二氧化碳人工生物转化利用等方面产生颠覆性技术创新，推进合成生物工业应用技术工程化、产业化应用。

二是医药生物制造。生物技术为医药领域带来革命性机遇，有望大幅提升疾病预防水平和疾病治愈率，并产生数万亿元产值的经济规模。例如，新药研发面临着成本高且预期收益率不稳定的双重困境。随着疾病复杂程度提高，新药研发难度和成本急剧增加，但研发成功率呈明显下降趋势。合成生物技术和人工智能（AI）为新药研发提供新的技术手段。例如，AI赋能药物靶点发现、化合物筛选等环节，大幅提升新药研发的效率；高级代谢工程为医药化合物合成提供了更可控的工业规模制备；基因编辑可以治愈遗传性疾病；细胞工程可以构建效率更高的肿瘤免疫治疗等。

三是未来健康产品生物合成。发展未来食品供给技术体系，提升健康食品自主供应能力，是落实大食物观、保障食品供给安全的重要举措。建立健康糖、人工肉、人工油脂等生物合成新路线，将形成稳定、安全、营养的新型食品来源，有助于解决资源约束和食品安全问题，实现从农业种植、土地种植向车间种植的重大战略转变，为打造生物经济发展先发优势奠定基础，预计未来生物经济市场价值将超万亿元。设计构建功能糖、人工肉、油脂等未来健康食品生物合成新路线、新工艺，利用AI技术重点解决功能元件和合成途径的设计创制、定向进化，推动产品的高效制备、市场准入等问题，实现工业化实施。

五、小结

合成生物学作为一个新兴前沿交叉领域，其学术价值与应用价值已受到社会各界广泛关注。它既是生命科学研究的一种新范式，也是生物技术迭代提升、生物制造变革性发展的核心驱动力。合成生物技术的兴起为生命科学研究提供新范式，生命科学领域的新发现、新突破也将继续为合成生物技术的发展提供新动能。合成生物学理论体系的发展完善、使能技术的迭代创新、人工智能驱动的生物制造，都将进一步加速合成生物技术赋能新质生产力，塑造未来生物经济，服务人类健康和可持续发展。

第 五 章
我国合成生物产业面临的问题及原因分析

虽然我国合成生物产业培育取得较大进展，一些重点领域的发展也取得了显著成效，但必须清醒地认识到我国合成生物产业起步晚且仍处于迎头追赶的状态。我国合成生物产业发展面临科研基础相对薄弱、技术原始创新不足、成果转化率偏低、优质产业主体不足、企业竞争力较弱、学科发展体系不健全、复合型领军人才匮乏及产业发展缓慢等问题和挑战。本章重点分析我国合成生物产业发展存在的问题，并进一步剖析产生这些问题的原因。

一、我国合成生物产业发展面临挑战与制约

（一）原始创新策源能力不足，部分基础材料及核心设备依赖进口

在合成生物技术创新和产业化能力方面，我国与发达国家的差距主要表现为三个方面。

1. 原始创新策源能力及技术储备不足

面对合成生物技术的新赛道，欧美等发达国家和地区通过长期战略布局和政策支持，推动原始创新策源能力形成和面向未来的合成生物技术研发。例如，美国启动的"生命铸造厂"计划，旨在创造新型分子和复杂化学结构，预期创造1000个自然界不存在的、独特的分子及复杂化学结构。美国已有116种合成生物产品上市，涉及农业种植、石油化工、有机化工等领域，有望启动千亿美元的市场。与欧美等发达国家和地区相比，我国虽然启动了"合成生物"与"绿色生物制造"两项国家重点研发计划，但在合成生物原始创新策源能力及战略架构、核心技术、前沿技术等方面还存在较大的进步空间。

2. 核心菌种和关键酶创制能力不足

虽然我国在合成生物基础研究方面持续投入，但在菌株设计和构

造方面跟国际先进水平相比仍然存在一些差距。微生物底盘在繁殖速度、能量精准控制方面具有优势，但我国微生物底盘技术研发不足。同时，合成生物研发与产品开发需要依托高通量筛选平台来实现测试验证，而我国高通量筛选平台建设相对滞后，尚不能满足产业发展需求。工业菌种和工业酶是合成生物产业发展的核心，决定了合成生物产品的种类、原料路线和成本基础。当前，由于相应的关键技术和创新能力不足，我国合成生物产业发展面临核心菌种水平低、工业酶创制能力不强等瓶颈，导致合成生物企业生产能力与国外先进水平相比仍有差距，产业利润率偏低，国际竞争力偏弱。

3. 部分基础材料和仪器设备对外依赖度较高

我国部分基础材料和试剂对国外供应依赖度较高，高质量的生物试剂、酶、抗体、核苷酸和氨基酸等基础材料及培养基、一次性耗材，目前仍主要依靠国外供应。我国在智能化生产装备、生化检验检测仪器、发酵罐等关键设备方面仍与国外一流水平存在差距，其关键部件也多数采用国外产品，一定程度上制约了合成生物产业发展。国内一些高端仪器设备的制造能力和技术水平尚不能满足产业发展需求，DNA合成器、基因测序仪、质谱仪、高通量筛选仪等多数需要进口。虽然生物反应器已实现国产化，但大规模生物反应器和相关设备在性能和稳定性上与国际先进设备水平存在差距，影响了工业化生产效率。

（二）产业化水平亟待提升，产业协同有待加强

当前，我国合成生物技术仍处于产业化初期，龙头企业匮乏、产业协同不足、人才队伍相对薄弱等问题较为突出。

1. 龙头企业匮乏

当前形势下，我国合成生物企业普遍面临研发到量产的转换和产

品的盈利能力提升两大挑战。这导致合成生物企业往往规模较小，难以形成具有国际竞争力的龙头企业。我国合成生物前沿领域产业主体以初创企业和民营企业为主，存在现金流较少、抗风险能力弱、征信评价较弱、融资贷款困难、人才储备不足、创新成本高、技术发展方向不明朗、产业规模小且难以形成规模经济等问题。我国合成生物产业当前缺乏龙头企业引领产品创新及产业化进程，难以带动产业高质量发展。

2. 产业链供应链协同不足

我国合成生物产业不同环节、不同主体之间缺乏必要协同，甚至存在一些堵点。首先，科研和产业"两张皮"现象依然突出。一些科研机构虽然拥有转化率较高的菌种，但由于缺乏中试平台的放大，合成生物技术研发及创新活动受到制约。其次，以企业为中心的产业化技术研发机制尚不健全。一方面，一些企业源于高校或科研机构的技术孵化，对孵化母体还存在较多依赖，部分研发能力强的孵化母体甚至对企业的产业化活动形成制约；另一方面，在国家的大力支持下，我国形成了一批拥有合成生物底层技术的科研机构，但这些机构与有影响的合成生物企业之间并未形成密切合作关系。最后，我国合成生物产业核心主体之间协作不足，科研院所、平台型公司、产品型公司、产品消费主体之间关系相对松散。

3. 从石油基到生物基的生产制造存在堵点

合成生物技术的产业化意味着要实现从石油基原料向生物基原料的生产制造。而从石油基原料向生物基原料的生产制造需要具备相应的技术、经济、物资等条件，包括生物基原料的可持续性和供应稳定性，合成生物材料的技术成熟度和经济性，生物基材料的质量和一致性满足各种工业应用的要求，以及法律法规和市场对生物基材料的接受度等。基于工业菌种的生物制造快速发展，更多的化学品从石油基转向生物基生产路线成为可能。与一些发达国家相比，我国在合成生物产业发展的高性能生物催化剂的设计能力、生物合成与生物催化工艺构建关键技术、可工业化生产的产品种类和规模上还有明显差距，法律法规有待完善，市场对生物基材料的接受度也有待提升。

4. 合成生物人才严重不足

得益于大规模的发酵和化工生产经验，我国生物发酵和分离纯化方面技术人才资源丰富。然而，我国发现和优化菌株、设计产物生物合成路径的生物工程人才相对匮乏。我国合成生物领域高端人才引进和培养严重不足，使原始创新能力相对不足，研究主要集中在仿制和跟踪方面。此外，从业人员结构不尽合理，缺乏精通公司运营与产品开发的从业人员，导致合成生物技术产业链的下游创新能力弱。与此同时，熟悉国际审批管理、专利等方面情况的人才较少，对我国合成生物产业走向全球发展的进程不利。目前，随着海归人才的回流加速，合成生物工程人才匮乏的问题得到一定缓解。

（三）产业发展缺乏必要的技术规范和管理法规

1. 生物安全存在潜在风险

合成生物技术可用于设计具有新功能的微生物或病毒。这些新生物体虽然可能有潜在的应用，但也可能被滥用或意外释放到环境中，导致不可预测的后果，包括生态系统的破坏、新疾病的产生、成为生物恐怖主义的工具等。因此，需要制定严格的安全标准和监管机制，以规避合成生物技术发展带来的潜在安全风险。合成生物技术的应用可能对自然生态系统产生影响。例如，引入具有新功能的植物或微生物可能对当地的生态平衡产生负面影响，导致生物多样性的丧失或者生态系统的不稳定。此外，合成生物技术应用也可能与野生生物相互作用，产生不可预测的效应。因此，在研究和应用合成生物技术时，需要进行充分的环境风险评估和管理。

2. 伦理问题面临挑战

在合成生物领域，一系列独特的伦理挑战正在酝酿。在概念性问题上，人们围绕生命和自然的定义展开深入探讨，例如，生命的定义、合成生命对传统生命观念的挑战，以及生命的价值与意义问题。在非概念性问题上，合成生物技术应用带来的具体问题值得关注，如生物安全、生物安保，以及在技术应用中资源配置的公平公正。合成生物技术发展使得人类可以对生物体进行大规模的设计和修改，这将引发一系列伦理问题。例如，人类基因编辑的道德和社会影响、合成生命的定义和边界等，涉及生命的起源、人类的自我界定以及对自然界的干预程度等核心问题，需要进行广泛的讨论并对其进行规范。从生物技术领域的经验来看，立法、司法过程不仅是公众对生命、自然等价值观的反映和执行，也是对特定领域伦理问题的正式响应。例如，在生物技术的现代发展浪潮中，对人体商品化的伦理担忧促使多国（包括中国、日本等）在专利法领域引入道德条款。《中华人民共和国专利法》第五条明确规定，违反公共秩序或道德的发明不应获得专利权。欧洲法院在处理人胚胎干细胞专利授予争议案件时，也展示了法律和伦理在解决生命伦理问题和生物技术争端中的核心作用。然而，当前我国并未出台针对性的合成生物产业管理法律法规来规范相关技术的发展和应用。

3. 公众缺乏科学认识

合成生物产业发展可能引起公众的焦虑和担忧。人们可能对合成生物技术的潜在风险和伦理问题感到不安，担心滥用这些技术或导致不可逆转的后果。公众对合成生物技术缺乏科学认识，获取科学信息的困难较大，难以接触到准确、全面、易懂的科学信息。媒体信息片面强调或放大合成生物的危害，这会导致公众对基因编辑技术存在较大误解，认为其会产生不自然的生物体，甚至影响人类基因库的安全性，容易引起恐慌。公众还可能对合成生物制药、基因改良食品等产品的安全性持怀疑态度，认为合成生物制品可能对健康有害而产生抵触心理。公众的反对可能会影响政策制定和研究资金的分配。因此，需要进行科学普及和引导公众参与，增加公众对合成生物技术的了解程度和接受度，建立透明的决策流程。

二、我国合成生物产业发展面临问题的原因分析

根据前文的分析，我国合成生物产业发展仍面临不少问题和挑战，包括原始创新策源能力不足、部分基础材料及核心装备依赖进口等。究其原因，可以归结为我国合成生物产业顶层设计及支持政策不完善、产业发展缺乏必要的统筹、要素市场及产品市场不健全等方面[1]。

（一）顶层设计及支持政策不完善

1. 顶层设计不明朗

近年来，我国已从国家层面对合成生物产业发展进行了战略引导，但产业发展的近期和中长期整体规划、技术发展实施路径以及生物伦理监管体系构建等仍处于空白地带，合成生物领域的专项政策规划也未出台。由于顶层设计不明朗，合成生物产业实现从基础研究到技术创新，从工程平台建设到产品开发、产业转化等多层次、分阶段的发展目标和发展路径仍不明确。

---

[1] 鲁汇智、李勋来、邓玮等：《中国生物制造产业发展现状及对策建议》，《化工管理》，2023年第34期。

2. 产业支持政策不完善

作为战略性新兴产业和未来产业发展的重要方向，我国合成生物产业正处于启动过程中。同时，合成生物产业是资金和技术密集型的新兴产业，面临一定程度的技术不确定性和市场不确定性。只有得到充分的政策支持和吸引大量社会资本才能增强其自主研发创新能力。由于缺乏技术研发、产品上市、产业资金投入等系列支持政策，我国合成生物产业发展面临一些困境，例如较大的研发投入需求以及较高的研发失败风险。资金短缺也直接影响了合成生物产业的研发水平、削弱了成果转化能力，我国完全独立掌握专利的成果也较少。产业管理方面，有的地区将合成生物企业和生物制造项目作为化工类项目来管理，严重制约了产业化能力提升。此外，产品上市的门槛也制约了产品迭代升级和商业化推广。

3. 专利申请难度较大

合成生物产业涉及复杂的技术和理论，需要具备跨学科的知识和技能。专利申请需要清晰地描述新发明技术的细节，以及与已有技术的区别。合成生物技术的发展可能涉及伦理和道德问题，尤其是在基因编辑、人工合成生命等方面。目前，合成生物技术研发和应用仍处于探索阶段，但由于缺乏必要的应对措施，专利申请可能会面临过于烦琐的审查要求和较长的审查时间，申请难度较大。

（二）产业发展缺乏必要的统筹

1. 合成生物技术研发主体存在错位

目前，我国合成生物技术研究主要由科研院所主导，缺乏产业巨头和优质初创研发企业。尽管近年来新的创新型公司不断涌现，但规模相对较小，产业主体的规模和自主创新能力均相对较弱，与发达国家形成的大型跨国公司协同初创企业融合发展的产业格局有一定差距。我国合成生物技术领域多数企业较重视生物加工过程技术，对前端生产的性能改进、生产后续过程管理等方面的关注不足。关注此类科学问题的主体更多是高校和科研院所，但因评价体系等问题，存在研发成果与市场需求脱节现象。因此，将实验室研发成果与市场需求有效对接，推动研究成果实现市场化应用，并将其转化为有效生产力，加快产业化进程是我国合成生物产业需要直面的现实问题。

2. 产学研合作机制不完善

目前，我国尚未出台针对合成生物产业的专项政策规划，这在一定程度上限制了产学研结合的深入发展。我国合成生物领域产学研合作机制不够完善。一方面，企业、高校和科研机构之间的合作缺乏有效的协调和管理机制，导致合作过程中存在沟通不畅、责任不明确等问题。高校和科研机构的人才往往难以直接流入企业，而企业也缺乏足够的吸引力来留住人才。另一方面，合作形式和内容也较为单一，往往停留在技术转让和成果共享层面，缺乏深入的技术合作和研发创新。同时，激励机制的不完善也影响企业和科研机构参与产研结合的积极性。例如，对于参与产研结合的企业和科研机构，缺乏相应的税收优惠、资金支持等激励措施。

3. 产业对外开放不足

尽管我国已在合成生物领域开展国际合作，如亚洲合成生物学协会（ASBA）的成立和单细胞生命合成亚洲联盟（Syn Cell Asia Initiative）的发起，但这类平台数量和类型较少，不能满足合成生物产业国际交流的需要。我国合成生物领域的研究论文数量增长较快，但与国际同行之间的学术交流还不够频繁，有可能导致我国合成生物领域的最新研究成果难以在国际上得到广泛认可和应用。在人才队伍建设方面，我国合成生物领域的人才国际流动相对较少，与国际先进研究机构和企业的合作不够紧密，这也制约了我国合成生物领域人才的培养和成长。在产品国际化方面，我国合成生物产业转化与国际市场接轨不足，缺乏具有国际竞争力的龙头企业，这导致我国合成生物产品在国际市场上占有的份额较小，难以形成具有国际影响力的品牌。

（三）要素市场及产品市场不健全

1. 原料市场供应不足

尽管近年来我国合成生物产业发展较快，但原材料供给不足问题依然突出。以生物质能源为例，我国生物质能原料的初始产能已经远大于产业供应量，并可投入应用。但我国合成生物产业生产所需的有效原材料仍然短缺，主要因素有两个：资源获取难，储存成本高。目前，我国最主要的生物质原材料多为林木和农作物类原料，体积较大、容易潮湿、易腐烂。运输和仓储成本高，导致了企业原料的采购成本增加。原材料供应不足直接在源头上制约了我国合成生物产业的进一步发展，成为产业发展亟待解决的问题之一。

2. 产品选择定位难

首先，产品选择要评估市场空间及需求刚性。产品选择是合成生物产品投产过程的第一个门槛，需要理性评估目标产品利用生物合成途径生成的难度，并与其他生成路径进行比较。错误的产品选择在进入后期商业化开发阶段后失败产生的代价更大。其次，产品选择要适合合成生物生产方式。在产品选择阶段，还需要评估所选产品利用合成生物方式进行生产的难度、大规模生产中的分离纯化成本、预估整体成本降低的范围、合成生物方法所得产品性能与传统方式的差异、产品在微生物细胞代谢流程中所处环节、对细胞产生的毒性或生存压力等。

3. 流入产业的投资不足

当前，我国合成生物投资主要集中在农业、医疗保健和生物制药、能源和材料等领域。我国合成生物产业尚处于启动期，面临技术路线不确定、存在安全风险等问题。不确定性是当前合成生物相关企业的最大特点之一。例如，基因编辑等核心技术仍需突破，产业化应用面临挑战。合成生物产业相关法律法规尚不完善，面临伦理争议和监管风险。合成生物产品市场处于培育期，新技术和产品需要较长时间才能获得市场认可。此外，部分企业估值过高，存在泡沫风险。以微生物合成蛋白非上市企业融资为例，国外前五家企业融资金额超过38亿美元，而国内前五家微生物合成蛋白非上市企业累计获得融资不足1亿美元。由此可见，虽然资本市场有多样化的投资渠道，但合成生物企业可选择的方式相对有限，阻碍了产业的发展壮大。

4. 产品入市渠道不畅通

在研发成果的产品转化方面，虽然我国在合成生物科研方面的投入持续增加，取得了许多技术突破，但在将科研成果转化为实际产品并推向市场方面，仍然存在较大的困难。许多科研成果难以直接应用于实际生产，产研结合的效果不明显。根据相关数据，我国合成生物领域的研究论文数量虽然较多，但篇均影响力低于世界平均水平，这可能意味着部分研究并未切实解决产业中存在的实际问题，从而影响了产研结合的效果。在入市政策与标准方面，尽管政府在推动合成生物产业发展方面采取了一系列措施，但相关政策与标准的制定和更新仍滞后于产业发展。这导致企业在市场推广过程中缺乏明确的指导和支持，增加了渠道拓展的难度。在市场认知度方面，合成生物是一个新兴领域，人们对其基本概念和内涵的认知仍存在不少误区。这导致消费者和潜在消费者对合成生物产品的了解程度和接受度较低，从而影响了产品的市场销售和渠道拓展。在销售渠道方面，目前合成生物产品的销售主要依赖于传统的线下渠道，如医药、化工等行业的分销商和代理商。然而，这些传统渠道往往对新兴产品持保守态度，难以有效推广合成生物产品。同时，线上销售渠道也尚未得到充分开发，限制了产品市场覆盖范围的扩大。

第 六 章
推进合成生物产业
高质量发展的思路与建议

一、合成生物产业发展趋势及未来市场空间分析

（一）合成生物产业发展趋势展望

从底层技术来看，合成生物产业发展将带动基因测序、基因编辑等使能技术迭代升级和成本下降。基因测序技术是合成生物技术的基础，对合成生物产业发展具有决定性作用。基因测序技术从第一代发展至第三代，在提升基因测序效率的同时，也促进基因测序的成本显著下降。第一代测序技术时期，完成人类全基因组测序需要30亿美元，而2019年人类全基因组测序的成本已经降至1000美元。预计未来10年内，基因测序成本将继续下降至100美元以下。在基因编辑技术方面，合成生物产业已有很多适用于不同宿主的基因编辑方法，如Gibson Assembly、酵母同源重组、大肠杆菌Red重组，这些方法将来自不同生命体的DNA片段，整合至工程宿主中，实现下游的代谢工程、代谢组学、异源表达等研究和应用。与此同时，合成生物领域的使能技术融合也已成为趋势。具体而言，基因三大技术正加快融合系统生物学、组学、蛋白质工程等学科。在蛋白质工程方面，AI机器学习技术被运用于蛋白质折叠的模拟，对酶的改造和蛋白药物的设计进行深度赋能；在组学方面，数学统计学方面的技术也得到运用，赋能大规模的数据统计和计算，用以研究细胞的生命活动规律。未来，合成生物将向系统化方向发展，有望全面实现各种化合物的低成本、高效率生产。

从应用领域来看，2030年之前合成生物技术应用以散点突破为主。例如，化学和材料领域的部分基础化学品及聚合物、农业和食品领域的少数食品添加剂、植物蛋白及发酵蛋白作为替代蛋白、医疗保

健领域的创新细胞和基因疗法、部分原料药合成，以及消费品领域的部分功能性小分子和重组胶原蛋白技术等。2030—2035 年，围绕各大领域的合成生物技术应用进一步拓展，并实现部分全新子品类的技术突破和规模化生产。例如，材料领域的高性能蛋白、食品领域的细胞培养蛋白、农业领域的共生固氮技术、医药领域的工程菌疗法等。2035 年以后，合成生物技术有望在热门应用领域及技术瓶颈较难突破的领域实现产业化应用，如活体功能材料、光合作用优化、器官再生等。此外，合成生物技术也将在生物质燃料、环保等领域进一步发挥作用。

目前，我国合成生物技术已经在部分领域实现较好应用，但也有部分领域的应用发展缓慢，产业应用的梯次特征鲜明。具体来看，医药、化工领域发展基础较好，但尚未能充当引领者的角色。在相关政策的支持引导下，农业、食品领域有望优先实现合成生物技术的规模化应用，成为产业快速发展的新生力量，其他领域也将得到进一步发展。由于合成生物产业整体处于发展初期，资本市场持积极态度，除医药、化工、农业、食品领域之外，其他消费品领域、能源领域版图有望随着产业的蓬勃发展而进一步扩张，产品也将不断更新迭代。总体而言，目前我国各领域处于合成生物技术应用的发展初期，产品类型较少，未来合成生物产品将会不断涌现。

（二）合成生物产业未来市场空间分析

在主要国家和地区的政策支持和技术进步的双重驱动下，全球知名投资机构、创新研发企业纷纷进入合成生物产业赛道，助力产业加速发展。据统计，过去五年全球合成生物产业市场规模年均增长率高达 27%。麦肯锡研究院预测，未来全球 60% 的物质生产和 45% 的疾病治疗问题最终可能通过合成生物技术解决，在未来 10~20 年合成生物产业带来的年直接经济效益将达到 1.8 万亿~3.6 万亿美元。贝哲斯咨询预测，到 2027 年，全球合成生物产业市场规模将达到 2784.39 亿元人民币，年复合平均增长率为 24.8%。Research Nester 预测，全球合成生物产业市场到 2035 年底将获得约 2880 亿美元的收入，在预测期内（即 2023—2035 年）年复合增长率约为 29.50%。在产业快速发展的作用下，合成生物技术将进一步发挥节能减排效应。经济合作与发展组织（OECD）预测，合成生物技术在全球制造业中应用占比的提升，每年将减少二氧化碳排放量 12 亿~25 亿吨。

据市场研究公司 Research And Markets 预测，中国将成为合成生物产业发展潜力最大的市场之一。未来几年，我国合成生物市场规模的增长率将保持在 23% 以上。

二、未来我国合成生物产业发展思路

为贯彻党的二十大精神，落实习近平总书记关于发展新质生产力的重要指示，抢抓机遇期，将合成生物产业发展放在培育新质生产力、构建现代化产业体系、构筑国际竞争新优势的突出位置。我国应突破合成生物使能技术，掌握生物制造核心工艺，实现高水平科技自立自强；提升企业创新能力和产业链配套能力，保障供应链安全稳定，壮大合成生物产业体系；完善产业发展政策体系，创新产业管理体制机制，加强高水平对外开放协作；推动新一代信息技术在不同应用领域与合成生物技术深度融合，形成创新驱动、绿色智能、多元协同、安全高效的合成生物产业生态。

1. 创新驱动，自立自强

提升合成生物技术原始创新策源能力，掌握关键技术及核心制造工艺，突破使能技术、基础材料及核心装备短板，实现技术和产业自立自强。

2. 市场主导，先行先试

既注重政府超前规划引导、科学政策支持，也注重发挥市场机制调节的作用，激励微观主体不断创新。在产品准入、上市及生物安全监管、知识产权保护等方面改革创新，先行先试。

3. 绿色智能，融合发展

推动新一代信息技术与合成生物技术深度融合，推进合成生物技术在不同领域应用，促进合成生物制造技术在各行业的渗透，实现与各行业的协同创新、耦合发展，助力节能降碳和绿色发展。

4. 重点突破，开放协同

支持合成生物技术优先在医药、食品、材料、农业等领域应用。支持东部地区与中西部地区原料主产区开展产业协作。鼓励联合研发、在华技术转化及产品国际销售等开放合作。

三、未来我国合成生物产业发展的对策建议

当前，我国合成生物技术应用和产业化正处于关键时期。我国虽然具备合成生物技术产业化的基本条件，产业培育和发展也取得了显著进展，但仍面临合成生物关键技术及前沿技术积累不充分、龙头企业数量少、核心装备水平滞后、市场化机制不健全等挑战。为推动我国合成生物产业高质量发展，本书提出以下对策建议。

（一）健全和完善产业政策体系

1. 健全产业支持政策

把握全球生物技术革命趋势，研究美国、英国、德国等主要国家

合成生物发展战略，结合我国合成生物技术产业化状况及相关产业基础，确定合成生物产业发展的战略导向，研究制定国家合成生物产业发展规划。结合我国合成生物产业进展和未来发展的重大需求，研究制定合成生物技术、产业发展路线图，确定战略方向和重点突破点，实现从基础研究到技术创新，从产业体系建设到规模化应用的多层次、分阶段的稳定快速发展。制定研发、生产、应用各环节配套政策，构建规范的政策体系，明确相应的主管部门，厘清权责，建立科学、理性、有效、可行的管理原则。

2. 创新产业发展的体制机制

构建产业发展的组织机制，建立由国务院领导担任组长，由发展改革委、工信、科技、卫健、农业、市场、能源等部门共同参与的合成生物产业发展领导小组，组织开展联合攻关、成果转化、示范应用、标准制修订等工作。成立合成生物产业发展专家咨询委员会，由国家高端智库、科研院所、高等院校、行业协会、重点企业等各界专家共同参与，共同开展合成生物产业战略性、前瞻性及热点、难点问题研究，开展合成生物产业政策解读、成效宣传、经验总结、宣介推广等工作。选取京津冀、长三角、粤港澳大湾区、成渝等有条件的地区，探索建设国家合成生物产业先导区，在产品准入、上市及生物安全监管、知识产权保护等方面大胆尝试改革创新，积极探索体制机制和政策的先行先试；在知识产权保护、科技成果转移转化、人才引进、金融扶持等方面开通绿色通道，给予更大力度的政策支持。

3. 推动产学研深度融合

鼓励企业、高等院校和科研机构之间开展深层次合作，建立产学研一体化的创新体系。以促进合成生物技术成果的转化为目标，围绕合成生物产业化技术研发及制备工艺、催化工艺和物种定向选择工艺等基础技术，推动产学研用联合攻关，着力突破共性技术与前沿技术，推动基础研发、应用研究和产业应用协同。针对我国合成生物产业发展的瓶颈和痛点、堵点，集聚先进技术能力、资金和人才等核心要素，建立"产—学—研—用"协同创新中心和合成生物技术国家重点实验室，提高工业酶和工业菌种的创新和改造能力，加速实施国家生物基产业强化工程，积极融合人工智能等新一代信息技术，推进合成生物生产制造模式创新。

（二）做优做强合成生物产业内核

1. 加强合成生物技术自主创新

结合国际研究发展趋势加强基础研究，开展前沿领域探索与关键技术研发。以形成自主知识产权的合成生物技术为主攻方向，加强对高通量育种芯片、高效基因分型、全基因组选择和融合基因编辑等关键新技术研究。引导企业构建多管线菌种研发能力，实现工业菌种创制，不断提升菌种构建、改造、筛选和迭代的能力。加强菌种构建、发酵、分离、提取、纯化等产业化技术开发，以及高效、低成本的工业化大生产工程能力建设。利用国家重点研发计划等支持渠道，加快底盘技术、关键试剂、耗材等自主研发与产业化进程。构建具有自主知识产权的菌株资源库、生物元件库、信息数据库。把握生物技术与数字化技术融合发展趋势，支持 AI 辅助新药研发、计算机辅助酶分子设计等技术及生命信息采集工具、工业软件、基础元器件和模块等发展应用。加快微生物反应器、过程传感检测等国产装备研发、应用与推广，健全装备制造、维修等标准和服务规范体系。

2. 加强龙头企业培育

根据产业演化的一般规律，龙头企业培育大多从底层技术攻关起步，逐步掌握关键核心技术。在推进合成生物产业发展过程中，我国应设定相应的技术创新能力、产业化能力门槛，通过实施技术创新工程、制造业能力提升工程等，对目标企业给予强有力的支持。加快构建以企业为主体、市场为导向、产学研相结合的技术创新体系，努力实现底层技术、产品开发、推广应用的重大突破，形成一批具有产业生态主导权的龙头企业。

3. 加快提升产业配套能力

提升生产装备智能化水平，针对发酵罐、培养基、酶制剂、生化检验检测仪器等关键装备及关键材料短板开展重点攻关。不断完善合成生物产业发展所需的设计软件、基础算法、大数据分析、生物信息学、测试条件、高端培养试剂、仪器装备等条件，围绕合成生物技术标准、产品质量标准、生物安全评价体系、监管技术研究和监管体系等方面，推动高等院校、科研院所、企业、行业协会多方联动，研究制定行业标准、国家标准。

4. 推进原材料体系多元化

为突破合成生物产业原材料单一的困境，我国需要构建多元化生物制造原料体系。促进以淀粉和脂肪为代表的原材料和以木质纤维素为代表的原材料进一步产业化应用，使成熟原料的合成生物关键技术应用得以更有效推广。聚焦合成生物技术和产业前沿，建立以二氧化碳、一氧化碳、乙醇等新型生物制造原料为基础的原材料体系，研究生态固碳转换向生物能源转化的基本规律，以实现二氧化碳在大规模工业领域的生态循环，助力我国"双碳"目标实现。

（三）加强产业发展的保障体系建设

1. 打通合成生物产品上市渠道

合成生物是一种新技术，生物制造是一种新的生产方式，是以生物生产的方式来制造物质和产品。对于合成生物技术和产品，消费者需要有一个认识、认可、接受的过程。当前，我国合成生物产品的生产、质量保障和安全监管体系亟待完善。为突破合成生物产品上市障碍，提高消费者对合成生物产品的了解度和接受度，政府部门需要结合合成生物技术及产品特征，完善产品生产、质量保障和安全监管体系。对监管队伍开展产业技术培训，形成科学合理的监管规范引导。政府部门需加快完善合成生物产品生产、入市的审批认定细则，做好对各国已认定的合成生物产品的审批认定。

2. 强化合成生物产业人才队伍建设

培养合成生物技术前沿和产业发展人才，需依托高等院校、科研院所、龙头企业等主体产教融合衔接和定向合作培养。整合利用国家人才计划、高校学科创新引智计划、青年科学基金等政策，加大对海外顶级专家、学术骨干和海归人才的招引力度，支持政府为企业、科研机构引进人才出台配套措施。倡导跨学科的团队合作，培育高水平研究梯队。重点培养一批战略研究、技术创新和工程开发型人才，着力建设具备更强创新驱动能力的青年创新型人才队伍，加强跨学科人才培养。完善专业技术人员、职业技术人员等职称评定序列，优化人才职业晋升渠道，提升从业认可度、薪酬待遇和发展前景。完善人力资源使用与考核激励机制，形成有利于人才成长的技术和行业氛围，解决人才资源分配不均的问题。

3. 推进产业投资渠道多元化

以新质生产力发展的耐心资本为指引，加强对合成生物产业的投资引导，不断拓宽产业投资渠道。建立多样化投资组合模式，分散投资风险，将资金投入多个不同方向的合成生物项目中，如医药、农业、能源等领域。鼓励国有资本支持合成生物企业做大做强，以此推动各方资本在生物制造领域加强投入，使我国合成生物企业在全球竞争中占据优势地位。推进风投和产业基金等投融资主体创新，促进其积极参与合成生物产业发展，建立健全合作机制和平台，引导社会资本持续为产业创新提供支持。鼓励企业加大技术创新资金投入，予以相应的回报与补偿，并鼓励企业与高等院校和科研机构联合，协同创建良性的资本与科技互动格局。设立合成生物产业投资专项基金，集中资源投入合成生物创新项目，提供从早期研发到商业化的全程支持。在投资前进行深入的技术评估，聘请专业的技术专家团队，对项目的技术可行性、创新性和市场前景进行全面评估。

4. 加大产业开放合作力度

合成生物产业具有全球性竞争与合作的特点，我国应提高合成生物产业开放水平，加强与世界各国在合成生物领域的交流与合作。第一，我国合成生物企业可以参与国际项目合作，加入国际组织，与国际同行共同推动合成生物产业的发展，积极参与国际标准的制定，确保企业产品符合国际法规。第二，与国际顶尖科研机构和高等院校联合研发项目，分享资源和技术，共同推动合成生物产业发展。第三，积极开展产业国际合作，与国际企业建立战略联盟或成立合资企业，共同开发和推广新技术和产品。第四，与国际供应链企业合作，优化原材料采购、生产和销售渠道，降低成本，提高效率。第五，积极推进全球合成生物技术在华转化，支持外商投资依法设立研发中心，更好利用全球技术转移大会等平台。

5. 统筹产业发展与安全

合成生物产业链的韧性和完整性关系发展大局。我国应着眼提升产业链供应链韧性，聚焦合成生物关键核心技术攻关和产业体系建设，致力于保障产业发展总体保持安全稳定。着力补强产业链薄弱环节，一个更加自主可控、安全可靠的产业体系必将为产业高质量发展提供持久动力。主动推进合成生物技术开放式创新，避免我国合成生物产业被全球生产网络和创新体系疏远。针对合成生物产业发展带来的生物安全风险，我国应制定和完善生物安全法律法规，明确生物安全责任主体和监管职责，为生物安全提供法律保障。提升生物安全监管能力，加强生物安全监管机构和队伍建设，提高监管能力和水平。增强生物技术安全、实验室生物安全、人类遗传资源与生物资源安全等事件案例的国际互鉴与技术经验分享，加强生物安全基础设施建设，提升生物安全风险监测、评估和保障能力。

6. 做好公众科普宣传

合成生物技术属于前沿科技领域，其发展与应用伴随着公众的关注与疑虑。为此，我国应加强合成生物科普宣传工作，提高公众对合成生物技术和产业的认知度和接受度。通过举办科普讲座、发布科普文章、制作科普视频等方式，向公众传播合成生物技术科学知识和应用前景。与主流媒体合作，进行专访或报道，提高合成生物产业的曝光度。利用社交媒体广告功能，向潜在的目标受众精准投放科普内容。根据公众反馈和市场需求，引导合成生物食品等产品的舆论导向，不断调整和优化科普宣传的内容和形式。跟踪合成生物产业最新进展和动态，及时将新的科普内容呈现给公众。

参 考 文 献

[1] 丁陈君，陈方，郑颖，等.全球生物科技发展态势分析及对我国的建议 [J].世界科技研究与发展，2022，44（6）:755-767.

[2] 韩祺，姜江，汪琪琦，等.我国工业生物技术和产业的现状、差距与任务 [J].生物工程学报，2022，38（11）：4035-4042.

[3] 合成生物产业深度讲解 [Z].合成生物产学研微信公众号，2024-05-12.

[4] 合成生物产业的逻辑及发展趋势 [Z].合成生物学态势＋微信公众号，2023-12-20.

[5] 合成生物学现状与发展前景 [Z].新易林研究会微信公众号，2024-04-21.

[6] 华汤思圆，郁文亮，花私齐，等.合成生物学的发展与中美之比较 [J].药物生物技术，2023，30（06）：628-638.

[7] 焦宏，李丽颖，杨瑞雪.践行大食物观，让"中国饭碗"更稳更健康 [N].农民日报，2022-08-11（008）.

[8] 金叶子.全球合成生物市场超170亿美元上海建创新中心打造三大平台 [N].第一财经日报，2024-04-16（A02）.

[9] 劳慧敏，田甜，冯瑞，等.合成生物学赋能生物经济高质量发展的对策研究——以浙江为例 [J].科技通报，2024，40（04）：114-118.

［10］李玉娟，傅雄飞，张先恩.合成生物学发展脉络概述［J］.中国生物工程杂志，2024，44（01）：52-60.

［11］刘陈立，张先恩，傅雄飞，等.合成生物学发展与展望［J］.前进论坛，2024，（04）：57-62.

［12］刘小玲，雷蓉.从入选中国科学十大进展看合成生物学的发展［J］.科技中国，2022，（04）：36-41.

［13］鲁汇智，李勋来，邓玮，等.中国生物制造产业发展现状及对策建议［J］.化工管理，2023，（34）：82-86.

［14］马悦，汪哲，薛淮，等.中英美三国合成生物学科技规划和产业发展比较分析［J］.生命科学，2021，33（12）：1560-1566.

［15］合成生物全线爆发！新质生产力关键赛道，布局龙头全梳理［Z］.晴祎微信公众号，2024-05-16.

［16］邱伟龙，廖秀灵，罗巍，等.全球合成生物行业发展前沿分析［J］.集成技术，2021，10（05）：117-127.

［17］深刻领会大食物观的科学内涵　推动贯彻落实工作再上新台阶［N］.人民日报，2024-06-14（10）.

［18］生物经济新引擎："合成生物产业链上市公司深度剖析"［Z］.财富猎手微信公众号，2024-05-30.

［19］宋葛龙.加快培育和形成新质生产力的主要方向与制度保障［J］.人民论坛·学术前沿，2024，（03）：32-38.

［20］王晓梅，杨小薇，李辉尚，等.全球合成生物学发展现状及对我国的启示［J］.生物技术通报，2023，39（02）：292-302.

［21］吴崇明，张拓宇，刘琦，等.天津生物技术及相关产业发展态势分析及建议［J］.中国生物工程杂志，2023，43（05）：106-117.

［22］杨洁.七部门携手推动未来产业创新发展［N］.中国证券报，

2024-01-30（A01）.

［23］张先恩.世界生命科学格局中的中国［J］.中国科学院院刊，2022，37（05）：622-635.

［24］张媛媛，曾艳，王钦宏.合成生物制造进展［J］.合成生物学，2021，2（02）：145-160.

［25］赵国屏.合成生物学：从"造物致用"到产业转化［J］.生物工程学报，2022，38（11）：4001-4011.